中华传统文化普及丛书

中国汉字浅话

三喜题

北京尚达德国际文化发展中心　组编

耿　艳　秦商夏　编著

中国人民大学出版社

·北京·

中华传统文化普及丛书

总　序

感谢“中华传统文化普及丛书”的出版！它以历史巨人的眼光俯视古今，这对于振兴中华、古为今用是功不可没的。

本套丛书包蕴广博、涉猎天下。

首先，历史是一面宝鉴，它以独特的真实照耀古今，从而清醒地记录了人类的文明。

中华文明历经数千载，以德风化育子孙，高度认可人类文明的血缘性。以“孝亲敬贤”为核心的民俗，流成永恒的智慧清泉，润泽着后人的心田。

中华文明世代相传，骨肉亲情诞生了仁德的孝亲制度，使中国成为礼仪之邦，友善外交也在历代传承不断。今日中国“一带一路”的合作倡议不也充满了我们与邻邦之间互助、友爱的仁德之善吗？

当科技文明的新潮涌来时，人人皆知上有天文，世用医道，农田城建、数据运算，何处不“工匠”？本套丛书溯本追源，力述大国工匠的初心，向今人展示中华科技成就的灌璨，弘扬科技创造，鼓舞万众创新，以实事求是的精神推动社会生产力的发展。

中华民族是龙的传人，早在中华文明的摇篮期就孕育了“美丽中国梦”。在先祖博弈大自然时，就出现了原始文化群体。既有夸父逐日之神，也有女娲补天之圣。古人在希望与奋斗中，唤起人类生存的能量，充满了胜利与光明。这不正是民族自信的理想之光？

“天行健，君子以自强不息”的积极精神引导着“中国模式”的当代实践，正是“美丽中国梦”的千古传薪！

自信与创新是“梦”之真魂。中国汉字、文学、书法、绘画、音乐等，也都在承前启后，以百花盛开之势，铸魂“中国梦”。

春秋战国时期，诸子蜂起，百家争鸣，先哲们各有经典问世，成就了中华信仰文明——儒、道、兵、法等家，后有佛教传入，皆为中华信仰及思想之根。

人民是历史的主人，中华文化是中华各族人民共同创造的。纵观历史，不忘初心，继续前进。感谢各位专家奉献各自的智慧，普及中华传统文化的精华，造福读者。感谢编委们历尽辛劳，使群英荟萃，各显其能。

本套丛书尊重历史，古为今用；内容丰富，深入浅出。有信仰经典之正，有文韬武略之本，有科技百花之丰，有人文艺术之富，“正本丰富”可谓本套丛书的编写风格。

祝愿读者在“中华传统文化普及丛书”中，取用所需，传播社会，在世界文明的海洋中远航，使中华芬芳香满世界。

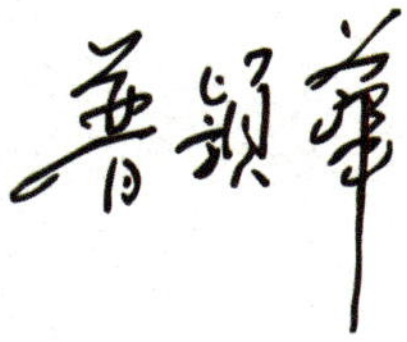

编写说明

中国是四大文明古国之一，我们的祖先创造了辉煌而丰富的文化，无论是文学艺术还是科学技术，其文明成果至今都令世人惊叹不已。英国著名历史学家汤因比曾经说过："世界的未来在中国，人类的出路在中国文明。"中华民族数千年来积累的灿烂文化，积淀着中华民族最深沉的精神追求，是中华民族生生不息、发展壮大的丰富滋养，亦是我们取之不尽、用之不竭的思想宝库。

让广大青少年在轻松愉悦的阅读中获得传统文化的滋养，以此逐渐培养他们对中华优秀传统文化的自信心、敬畏心，为国家未来的主人公们奠定创新的基石，是我们的夙愿。为了让读者尤其是广大青少年能有机会较为系统地了解璀璨的中华文明，感受中华民族文化内涵的博大精深，我们特邀数十位相关领域的权威专家、学者为指导，编写了这套"中华传统文化普及丛书"。

本套丛书包括《中国思想浅话》《中国汉字浅话》《中国医学浅话》《中国武术浅话》《中国文学浅话》《中国绘画浅话》《中国书法浅话》《中国建筑浅话》《中国音乐浅话》《中国民俗浅话》《中国服饰浅话》《中国茶文化浅话》《中国算学浅话》《中国天文浅话》，共十四部。每一部都深入浅出地展现了中华传统文化的一个方面，总体上每一部又都是一个基本完整的文化体系。当然，中华文化源远流长、广博丰富，本套丛书无法面面俱到，更因篇幅所限，亦不能将所涉及的各文化体系之点与面一一尽述。

本套丛书以全新的视角诠释经典，力图将厚重的中华传统文化宝藏以浅显、轻松、生动的方式呈现出来，既化繁为简，寓教于乐，也传递了知识，同时还避免了枯燥乏味的说教和令人望而生畏的精深阐释。为增强本套丛书的知识性与趣味性，本套丛书还在正文中穿插了知识链接、延伸阅读等小栏目，尽可能给予读者更丰富的视角和看点。为更直观地展示中华文化的伟大，本套丛书精选了大量精美的图片，包括人物画像、文物照片、山川风光、复原图、故事漫画等，既是文本内容的补充，也是文本内容的延伸，图文并茂，共同凸显中华文化各个方面的历史底蕴、深厚内涵，既充分照顾了现代读者的阅读习惯，又给读者带来了审美享受与精神熏陶。

文化是一个极广泛的概念，一直在发展充实，多元多面、错综复杂。本套丛书力求通过生动活泼的文字、精美丰富的图片、精致而富有内涵的版面设计，以及富有意蕴的水墨风格的装帧等多种要素的结合，将中华传统文化中璀璨辉煌的诸多方面立体地呈现在读者面前。希望让读者在轻松阅读的同时，从新视角、新层面了解、认识中华传统文化，以增强文化自信；同时启迪思考，推动我们中华优秀传统文化的传承、复兴和创新发展。

前　言

“文字者，经艺之本，王政之始。前人所以垂后，后人所以识古。故曰：本立而道生。”许慎在《说文解字》的序中这样论述。文字是一切传统文化的根基，是推行圣王之道的前提。前人借由文字将经验传承给后人，后人依靠文字效法前人的智慧。文字是传承智慧的根本，因此可谓“本立而道生”。

人行道上，顺遂自然，所见所知，莫非常识。汉字不仅记载了中华悠久的历史，而且蕴含极为丰富的古今常识，涵盖了生活的方方面面，是窥探历史、社会、器物、民俗等传统文化的“活化石”。

在汉字的历史中，从抽象简洁、质朴无华的甲骨文，到黄钟大吕、厚重庄严的金文，礼仪三千、威仪三千的篆书，再到平和中庸、典雅朴实的隶书，字体的变迁让我们感受到抽象之美，汉字之六书让我们体悟到古人的智慧。

智者知日，慧者扫（埽）心。智慧者，外知其日则理明不昧，内扫其心则无私不愚。汉字以会意的法则，启示我们何谓智慧。智慧来自于对客观世界的认知，以及对主观世界的改造，主客观趋于一致，天人合一，即为智慧。前人将智慧以文字记载下来，教化培育后代子孙，是为文化。

在中华民族源远流长、博大精深的历史长河之中，汉字和中华文化早已血肉相连，成为相依相存、密不可分的整体。可以说，汉字是认识传统文化的纲目，也是学习传统文化的基石。让我们开卷有益，畅游在汉字海洋之中，去体悟汉字中蕴藏的智慧吧。

目　　录

第三章　汉字的结构 /42

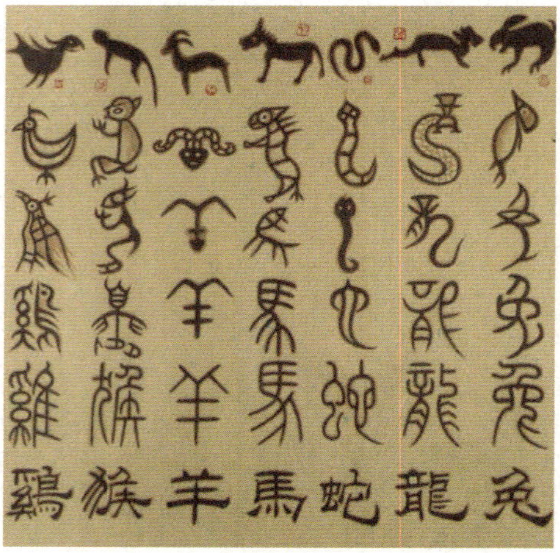

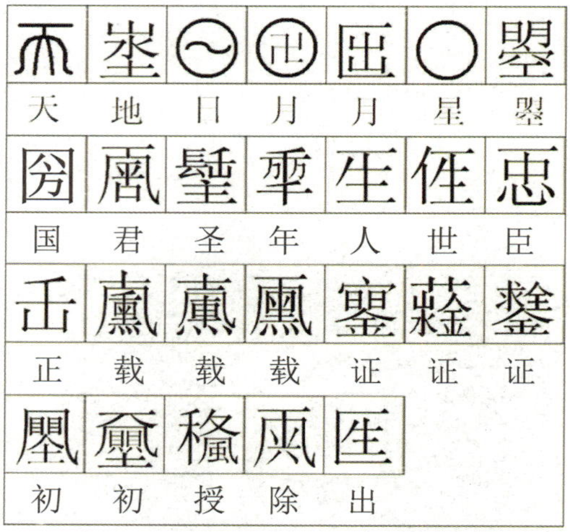

第四章　近现代汉字的发展 /68

第一章 汉字起源的传说

汉字，是华夏先民的伟大发明，是传承中华文明悠久历史与文明的精神纽带。在世界文明发展史上，汉字是最为古老的文字，历经万年之久，汉字的形体虽屡有变化，但却一脉相承，一以贯之。而世界历史上曾经出现的其他文字，或者淹没在历史长河中，或者裂变出众多不同的语言，又或者经过大幅改动，面目全非。世界上流行的其他文字都是拼音文字，唯有汉字是形、音、义三者一体的文字，以简驭繁，博大精深，具有丰富的文化内涵和广泛的影响力。汉字如此伟大，甚至有学者称汉字为中国“第五大发明”。

那么，汉字是怎样来的呢？又是从什么演变而来的呢？

关于汉字起源于何时、何人，学者们众说纷纭，有图画说、结绳说、契刻说、河图洛书说、八卦说、仓颉（jié）造字说等，一直无法达成共识。可能是相隔的时间太久，很多古物已随着时间消逝，在缺乏足够的考古证据时，只好依赖于神话，因而关于汉字起源的一些故事充满了神话色彩。

一、图画文字

有些学者认为，文字脱胎于图画，文字是图画的进一步抽象，那些留存至今的岩画就是文字起源的证明。目前，我国境内发现了一百多个岩画地点，其中宁夏中卫市的大麦地岩画是迄今发现的最为古老的岩画，距今有两三万年之久。在方圆 15 千米的石壁上，刻着八千多幅岩画，密集地段几乎每块石头上都有岩画，内容有狩猎畜牧、战争舞蹈、日月星辰、天地神灵、图案符号等。

其中有很多“太阳符”的岩画，两个重叠的圆圈，中间一个点，外部还有十余道射线，象征太阳光芒四射。我们把这类“太阳符”和甲骨文“日”对照来看，是不是很像？岩画中还画有打猎的猎物，如鹿、牛、羊、虎、狼等，也都惟妙惟肖，其中一些与甲骨文中的字形也很相似。

岩画“太阳符”

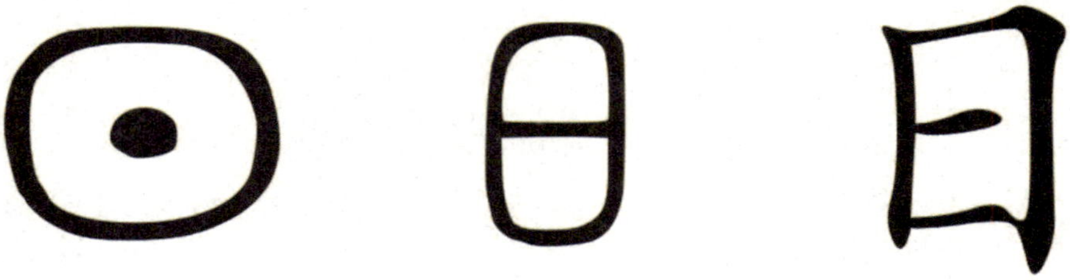

甲骨文　　篆书　　楷书

岩画动物

甲骨文　　篆书　　楷书　　甲骨文　　篆书　　楷书

二、结绳记事

明代李廷机在《五字鉴》中说：“燧人氏以出，世事相迷茫。钻木始取火，衣食无所妨。结绳记其事，年代难考详。”传说燧人氏教人钻木取火，结束了茹毛饮血的历史，开创了华夏文明。他的妻子是弇（yǎn）兹氏的织女，又称为玄女、素女。玄女发明了用草茎和树皮搓绳子的技术，单股的绳称作“玄”（ ），两股合成的绳称作“兹”（ ），三股合成的叫“索”（ ），索又作“素”（ ）。

结绳记事图

绳子，在今天看来似乎很不起眼，但它却是一件划时代的工具。想象一下，如果没有绳子，如何捆绑野兽？如何拴养和驯服家畜？如何编织狩猎用的网？又如何捆绑皮革以遮体避羞？燧人氏用柔软而有韧性的树皮、草茎搓成细绳，然后将数十条绳子排列整齐，悬挂在一处，在上边打结记事。“事大，大结其绳；事小，小结其绳。”大大小小的绳结，不仅能够记事，还能帮助计数。

远古没有“记”字，最早的“记”写作“纪”（紀，括号内为繁体字，下同），左边的“纟”代表绳索，右边的“己”表示坐着的记事者，篆书“ ”就是结绳记事、计数的象形。

汉字的数字不同于阿拉伯数字，或许有人好奇汉字的数字是如何产生的，这个答案也可以从古人的结绳形状中找到答案。在一条长长的绳子上面，系上不同的短绳，如一条短绳表示“一”，两绳交叉代表“五”，类似的汉字还有“廿”“卅”等。

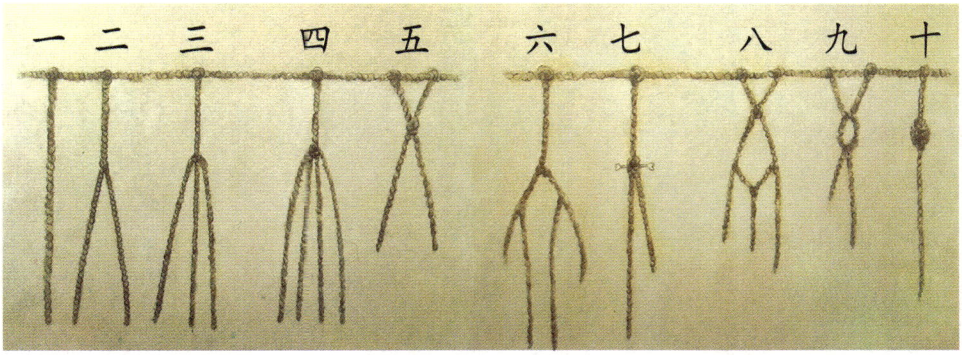

结绳记数

结绳不仅仅用于记数，还用于治理民事，甚至连狩猎和军事也都离不开结绳。菅（jiān）草是中原地区普遍生长的野生草本植物，草茎的长度长的有 1 米左右，古人经常用菅草结绳记事。“菅”“官”“管”字下部的“目”通“𠂤”，是打成环状的绳结。“官”的本义是指屋下结绳治事的人或者地方。《说文解字》：“官，史事君也。”上古先人认为，官员既要忠实地记录史实和事实，辅佐君王“管理”百姓，还要爱民如子，认真细致，不能“草菅人命”。

先人们在狩猎时，经常用菅草等结成的绳索套住野猪等猎物，这就是“追逐”的含义。“追”和“逐”，其中的“辶”，意思是行动、奔跑；“逐”中的“豕”即野猪，所以“逐”意谓追赶野猪；“追”中的“𠂤”，是用菅草做成的绳套，“追”字就像今天的草原牧民用绳索套马。“逭”（huàn）与“追”的意义相反，野兽被绳索套住，会竭力挣脱而逃，所以“逭”有逃避、逃窜的意义。“缒”（zhuì）字左边的“纟”也表示绳索的含义，缒是用绳索拴住人从上往下放。《左传》中有“夜缒纳师”，这是说用绳索打成环扣，如同绳梯一般一步一步向下降，从城墙外侧“悬城而下”，打开城门，将军队引入城中。“师”（師）的本义是军队，一支规模庞大的军队需要统一指挥，上古先人用结绳的方法传达军令，调兵遣将，所以“师”的左侧是“𠂤”。“遣”的字形就像传令兵用双手抱着结绳的军令，飞速奔跑的样子。

随着社会中各项事务的增多，结绳的绳子越堆越多，那么怎么存放这些绳子呢？聪明的先人想到建造专门放置绳索的房屋，就像我们现在的图书馆、档案馆。我们看金文的“索”（ ），上面是房屋，下面的中间像绳子，两边则是两只手正在检索典籍。怪不得战国时期的楚国大夫屈原在《离骚》中这样说：“路曼曼其修远兮，吾将上下而求索。”这里的“求索”，就是指学习典籍，探求真知。

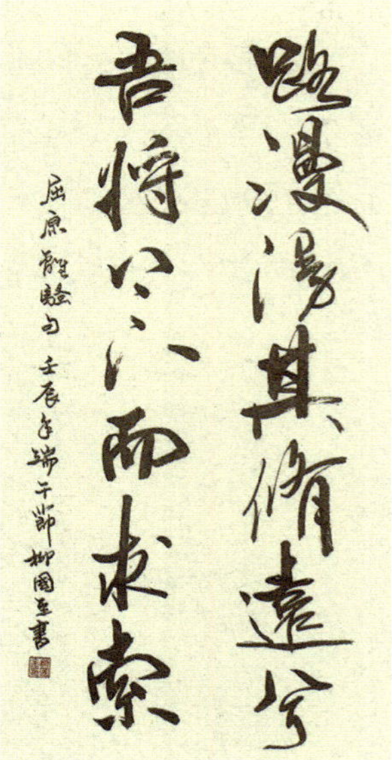

《离骚》选句

结绳记事的种类很多，有狩猎、祭祀、战争、占卜、气候等，如何分类呢？《左传》中提到的“八索”又是什么呢？我们从篆书“索”（ ）来“思索”寻找答案。“索”的篆书像将绳索上提下拉，把绳索挂起来，悬挂在八个不同的方位，很可能就是“八索”的来历了。

三、八卦成象

《尚书》说：“伏羲氏之王天下也，始画八卦，造书契，以代结绳之政，由是文籍生焉。”伏羲氏创作八卦，创立了文字，取代了结绳记事的方法。那么，什么是“卦”呢？《易纬》说：“卦者，挂也，言悬挂物象以示于人。”就是说，八卦是把事物用结绳记事的绳子，分门别类地悬挂在八个方向，用卦象示人吉凶。

相传，在上古三皇之一的伏羲氏称王时，有龙马从黄河出现，背负“河图”。龙马是一种龙头马身的神兽，身披龙鳞，凌波踏水，如履平地。这就是后人常说的“龙马负图”。又有神龟载书，从洛水出现，背负着“洛书”。伏羲根据“河图洛书”画成八卦，八卦中用“— —”和“——”两个基本符号，分别代表阴和阳。八卦用“乾、坤、坎、离、震、巽、艮、兑”代表“天、地、水、火、雷、风、山、泽”，这就是后来《周易》的来源。

河图洛书图

八卦图

《易纬》认为：乾卦，天字的古文；坤卦，地字的古文；离卦，火字的古文；坎卦，水字的古文；巽卦，风字的古文；震卦，雷字的古文；艮卦，山字的古文；兑卦，泽字的古文。

八卦与汉字

四、仓颉造字

仓颉像

仓颉造字是流传最为广泛的汉字起源传说。黄帝时期，人口越来越多，社会上的行业和杂事日益繁多，掩饰作伪的事也时有发生，于是黄帝命令史官仓颉创造文字以供百姓使用。仓颉原姓侯冈，传说他有双瞳、四只眼睛，这大概是为了强调这位圣人具有异乎寻常的观察力。《说文解字》序中说，仓颉“见鸟兽蹄迒之迹，知分理之可相别异也，初造书契”。他看到星宿的变迁、鸟兽的足迹，受到启发，依照其形象首创文字，开创文明之基，因而后人尊奉其为“文祖仓颉”。黄帝为他赐姓仓，称他为“君上一人，人下一君”（“仓”的繁体字“倉”拆字）的帝师。仓颉很谦虚，认为自己不过是一介草民，所以在“仓”字上面又加了一个草字头，变成“苍颉”，这就是“仓颉”和“苍颉”两种写法的由来。

仓圣鸟迹书

根据史料记载，仓颉造书两卷，隋末战乱时，该书在战火中遗失了。宋代淳化年间，有一部著名的书法集叫《淳化阁帖》，其卷五载有古篆书二十八字，传说是仓颉所写。

相传，仓颉创造出汉字的时候，感动了上天，下起小米雨来，而由于发明文字后，鬼怪无从遁形，故而哭了。这就是“天雨粟，鬼夜哭”。“天雨粟”据说是二十四节气“谷雨”的来历。2010 年联合国将“中文日”定在“谷雨”这一天，用以追念仓颉发明汉字的功绩。

那么仓颉是怎样造字的呢？在河南省南乐县，流传着仓颉造字的一个故事。仓颉奉命造字时，也感到困难重重，世间的事物千千万万，该怎样书写呢？有一天，仓颉参加部落的集体狩猎，走到一个三岔路口时，大家对接下来该往哪个方向走发生了争辩。一个坚持要往东，说那边有羚羊；一个要往北，说北面不远有鹿群；一个偏要往西，说西有野鸡群。他们都说如果不及时捕猎就会错过了机会。仓颉感到奇怪：他们是怎么知道这些的？一位老者对他说，不同的动物会在地上留下不同的脚印，根据这些猎物的踪迹，就可以找到这些猎物。这让正在为造字而冥思苦想的仓颉心中豁然开朗：既然动物的脚印各不相同，那么用不同的符号不就能表示不同的东西了？

《说文解字》：“番，兽足谓之番。从釆；田，象其掌。”“釆，辨别也，象兽指爪分别也。”

“番”的上面是“釆”（读 biàn，注意“釆”不是“采”），像野兽的指爪；下面的“田”，像野兽的脚掌。所以“番”就像野兽爪蹄留下的标记。比如，“番号”指部队的编号。由于野兽的爪蹄在地上轮流践踏留下痕迹，因此“番”还有“轮流、更替”的含义；而北方和西方游牧民族更容易看到野兽，所以“番”也指外国。

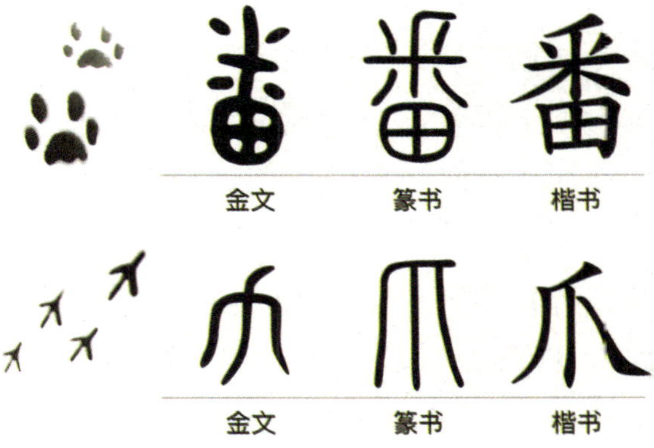

“番、爪”字

不仅仅是鸟兽的足迹，世界上任何东西，只要把它的象形画出来不就成了字吗！从这以后，仓颉每日仰观日月星辰，俯察鸟兽山川，创造象形文字。不久，“人、手、目、月、云、石、木、马、鸟、犬”这些字都造出来了。

象形文字

有一次，有人请仓颉为乌龟造字，仓颉仔细看了一遍乌龟，发现乌龟背上排列有整齐的方格子，便照龟的象形，造了个“龟”字，然后又把字刻在龟背上的方格子里。龟由于背上刻字感到疼痛，乘人不防时，爬进河里去了。三年以后，这只背上刻字的龟，在另一个地方又被人捉住。人们告诉仓颉，刻在龟背上的字不但没有被水冲掉，而且还长大了，字迹也更明显。于是仓颉就寻找来很多龟壳，把自己造出的所有象形字都刻在龟壳的方格子里。从此，我们中华民族就有了最早的象形文字和甲骨文，大道至简的法则被仓颉运用到了极致，一个困扰了人们上万年的难题就此解决了。

那么，汉字真是仓颉一个人创造出来的吗？从历史角度来看，复杂的汉字系统不可能由一个人发明，应该是经过了先人们长期摸索，反复试用，逐渐完善起来的约定俗成的体系，不会是凭一人之力突然创造出来的。不过，如同孔子编订《诗经》《春秋》一样，在汉字发源的阶段，汉字由仓颉收集整理、规范完善、推广应用，是有可能的。所以《荀子·解蔽》中记载“好书者众矣，而仓颉独传者，一也”，就是说古时候创造汉字的人很多，但只有仓颉造的字流传了下来。

第二章 汉字的演变发展

在文字出现之前，先人们无法用文字去记载历史，我们称它为史前时代。那么什么时候汉字才真正地得到大规模应用呢？汉朝的学者把籀（zhòu）文当成最古老的汉字；汉代之后一直到明清的学者，又把金文和石鼓文作为最早的汉字；直到清朝末年发现了甲骨文，学术界认定甲骨文为“最古老的汉字”。今天的学者已经知道，随着书写的工具和载体的变化，汉字的表达形式也在发生改变，从甲骨文到之后的金文、篆书、隶书、楷书、草书、行书，五千年来，一脉相承，延续至今。

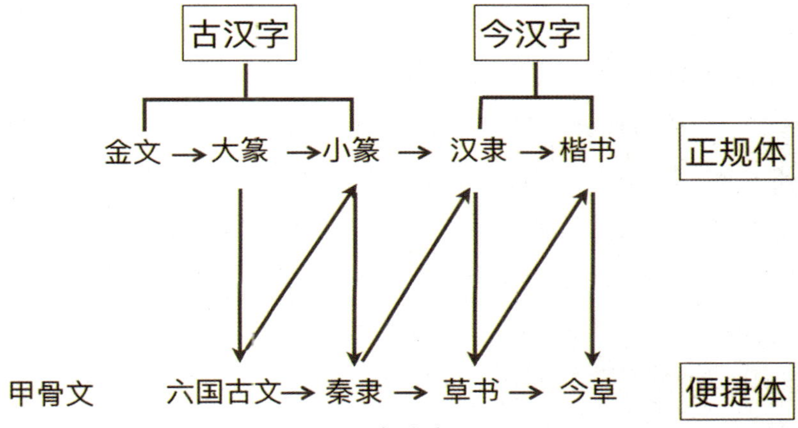

汉字的演化

一、龙骨之谜与殷商甲骨文

一百多年前，有一个真实的故事：清光绪二十四年（1898年）的秋天，国子监祭酒（相当于国家最高学府的校长）王懿荣得了疟疾，他的家人从北京宣武门外的达仁堂买回中药，药包里有一味叫“龙骨”的药材吸引了他的目光。当时恰巧《老残游记》的作者刘鹗寓居王懿荣家，王懿荣立即将它们拿给刘鹗看，

龙骨

两人细细观察，竟发现所谓的龙骨上竟有契刻的字符。二人很惊讶：龙骨上为何会有奇怪的刻画符号？

《神农本草经·卷一·上品》：“龙骨：味甘，平。主心腹鬼注，精物老魅，咳逆，泄利脓血，女子漏下，症瘕坚结，小儿热气惊痫。齿：主小儿、大人惊痫癫疾狂走，心下结气，不能喘息，诸痉，杀精物。久服，轻身、通神明、延年。生山谷。”

古代采药人说，龙骨在光线照耀下能发出五彩的光，用舌头舔龙骨时会感到吸力，因此它用作药材会将人体的气向内收。现代的龙骨多是古代哺乳动物如象、犀牛、三趾马等的骨骼化石。

王懿荣与刘鹗都是古器物收藏家和金石专家，精通古文字学，博学多闻。一连几天，两人遍翻各种史料典籍，终于从《周礼·春官》和《史记·龟策列传》中弄明白了：这一定是早在秦汉之前的上古文字！

王懿荣立即去药店询问这些龟甲兽骨的来历。药店老板告诉他，这些药来自河南安阳，当地的居民挖地就可以采到这药，便大量挖出来卖，但是销路极窄，只能作为龙骨卖给药店，所以价格极其低廉。于是王懿荣和刘鹗跑遍京城大小药店，出高价去收购，六文钱一斤的“龙骨”，骤然间身价百倍。两人收集了五千多块文字比较清晰的甲骨，后来编撰成《铁云藏龟》一书。这是甲骨文第一次被世人所认识，而甲骨也告别了被当作中草药默默消亡的命运！

1928年前后，考古学家在小屯村及其附近做过多次科学发掘，发现了埋藏于地下深处的多座殷王陵墓，并在殷王墓附近发现了王室占卜用的龟甲、兽骨。龟甲是指龟腹之甲，兽骨主要是牛的肩胛骨。根据地下发掘的文物得知，小屯村原来就是距今3000多年的商代后期的都城，作为晚商政治经济文化的中心区域长达273年。周武王灭商后，这里沦为废墟，因而叫作“殷墟”。目前，已出土的海内外甲骨中，约有16万片带文字的，共有单字4300多个，已释读1600多个，未辨识的多是专有名词、生僻字等。

殷墟甲骨

殷墟出土的甲骨文字绝大多数都与占卜相关，因此甲骨文亦被称为“卜辞”。先人利用占卜预测未来的行为起源很早，据传说，伏羲氏受到龙马负图的启示，“始画八卦，以通神明之德”，说明那时已经开始用“祝蓍（shī）”的方法占卜吉凶了。炎帝时期神农氏“以火德王”，用火占卜，当氏族面临某件大事之前，氏族集会议事的时候，漆黑的夜空被熊熊的篝火点亮，人们围绕着火堆，在贞人（巫师）的主持下，开始占卜仪式。

《礼记·表记》载：“殷人尊神，率民以事神，先鬼而后礼。”占卜是殷商人生活中重要的事情，因为对神崇敬的缘故，凡事必卜，比如农作物收成、战争胜败、国运好坏、气候变化、后妃生育、梦境吉凶、疾病等，只要是人的能力无法解决的事情，就与天地鬼神沟通，询问鬼神旨意。小篆“巫”（巫）上下两道横线，代表天与地，中间部分的左右两侧，两位巫师正在沟通天地鬼神。

占卜的形式大约是这样的：首先将龟甲或者牛骨修整好，然后在背面挖若干椭圆形凹槽，接着将燃烧的木头紧紧抵住凹槽，由于急剧受热，“卜”的一声，龟甲和牛骨会发生爆裂。如果发出清脆的爆裂声，代表“贞”，预示事情可以成功；如果发出低沉的声响，意味着“不贞”，预示事情难成。爆裂之后会产生许多裂纹，占卜的具体结果就依靠这些裂纹来判断。汉字“卜、兆、不、凶、祸”等，就是源于裂纹的形状不同。商朝时，殷人往往会把何时、何人、问卜何事，以及占卜的结果是“吉”、是“凶”

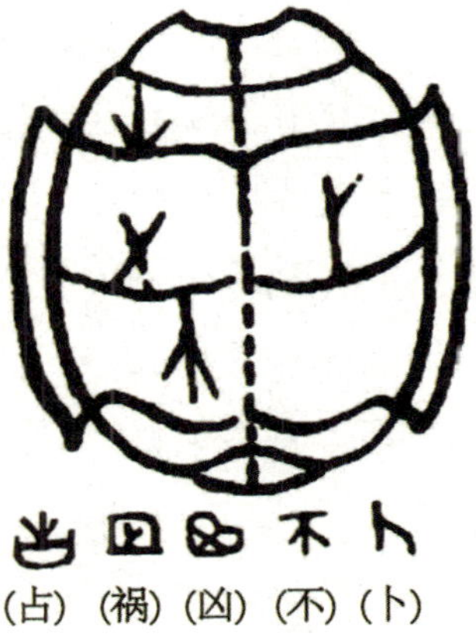

占卜的龟甲

还是“祸”，全部用文字刻写在占卜后的龟甲和牛骨上，因而形成了大量的“甲骨文”。

甲骨文，是目前发现的最古老并且成熟的汉字。说甲骨文是成熟的文字，不单纯表现在目前发现的文字实物及已经释读出的字数众多，更在于这些字的造字结构之复杂。我们熟知中国汉字有象形、会意、形声、指事、转注、假借这六种造字方式，被称为“六书”。甲骨文象形程度高，本书第 8 页图中的象形文字都是甲骨文；会意字也很多，但形声字只占二成左右，六书中的其他方法也都有使用。这说明甲骨文属于文字初创时期一种较为成熟的文字，字形非常简化、简洁，文字的总数较少，假借字较多。

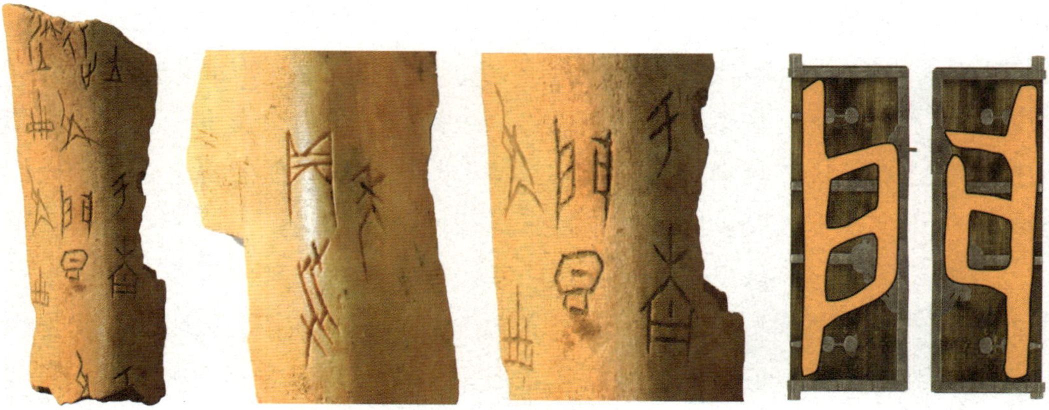

甲骨文象形字

甲骨文以刀为笔刻画而成，线条细瘦、笔画均匀；圆转与方折相间，方笔居多，棱角分明；字形大小参差不齐，很多字有多种写法，偏旁部首位置也不固定，缺乏统一性。比如，甲骨文“马”有一百多种写法，每位书写者都在抽象地描绘“马”的外形，虽然写法不同，但都突显出了马的头、鬃、尾、蹄的基本特征。

“马”的甲骨文

字里乾坤：天干地支

传说昊天上帝是我们中华民族的最高神，就是古人们口中经常提到的老天爷，叫作帝俊。帝俊有两位妻子。一位是日神羲和，生了十个太阳。这十个太阳每天要轮流去天上照耀大地，所以羲和会带着当天要去照耀大地的儿子去洗澡。在将儿子洗干净之后，她会亲自驾着六龙送儿子去天上，日复一日，年复一年。另外一位就是月神常羲，生了十二个月亮。正如《山海经》所说："东南海之外，甘水之间，有羲和之国。有女子名曰羲和，方日浴于甘渊。羲和者，帝俊之妻，生十日。""有女子方浴月。帝俊妻常羲，生月十有二，此始浴之。"《山海经》中又称常羲为"女和月母"，因为她担当着调和阴阳的重任。为什么月神要调和阴阳？这是由我们历法的特点决定的，中国传统历法是阴阳合历。所谓阴阳合历，是指同时参照太阳和月亮的运行规律而制定的历法，比如二十四节气是根据太阳的运行规律而制定，根据月相的晦、朔、弦、望的变化则制定月份、确定日子，形成了全世界独一无二的阴阳合历。

"羲和生十日，常羲生十二月"的神话传说，其实代表了我们古老的天文历法。黄帝在位的时候，有两位大臣制定了历法，"容成作历，大桡（ráo）作甲子"，大挠用甲乙等来命名日子，称为十天干；用子丑等来命名月份，称为十二地支。

十天干：夏朝计时用的十个符号，即甲、乙、丙、丁、戊、己、庚、辛、壬、癸，代表观察到的变化、空间。

甲，像种子破壳萌发；天干第一位；阳木。

乙，像草木初生，自地而出屈体之形；天干第二位；阴木。

丙，像火燃于下，有文明之兆；天干第三位；阳火。

丁，像夏时万物充实状；天干第四位；阴火。

戊，像长柄大斧，盛大；天干第五位；阳土。

己，像人跪坐、正坐，自己；天干第六位；阴土。

庚，像双手持禾脱穀，庚续；天干第七位；阳金。

辛，像在罪犯脸上刺字的工具，刑法，肃杀；天干第八位；阴金。

壬，像手持工具，任用；天干第九位；阳水。

癸，像水从四方入地形，又像雪花；天干第十位；阴水。

十二地支：商代甲骨文里已出现，即子、丑、寅、卯、辰、巳、午、未、申、酉、戌、亥，像十二时。

子，滋也。十一月。像新生的婴儿；万物滋生。

丑，纽也。十二月。像初生扭曲生长状；万物甫生待长。

寅，引也。正月。像从土下引水，蔓延四周，引而长。

卯，冒也。二月。像由阴出阳之门户；万物冒地而出。

辰，震也。三月。像用耨耕地，震动；民农时也。

巳，已也。四月。像人跪坐而起；阳气盛，万物皆成文章。

午，仵也。五月。像敲击用的杵；阳气盛极而衰，忤逆。

未，味也。六月。像木重枝叶之形；百果滋味已具。

申，伸也。七月。像闪电之形；延伸、伸展。

酉，就也。八月。像酒坛之形；万物之老，黍成可酿酒。

戌，灭也。九月。像长柄大斧砍状；万物寂灭。

亥，核也。十月。像猪（豕）之子；微阳起。

干支记日法把甲、乙、丙、丁、戊、己、庚、辛、壬、癸十天干和子、丑、寅、

天干地支的古文

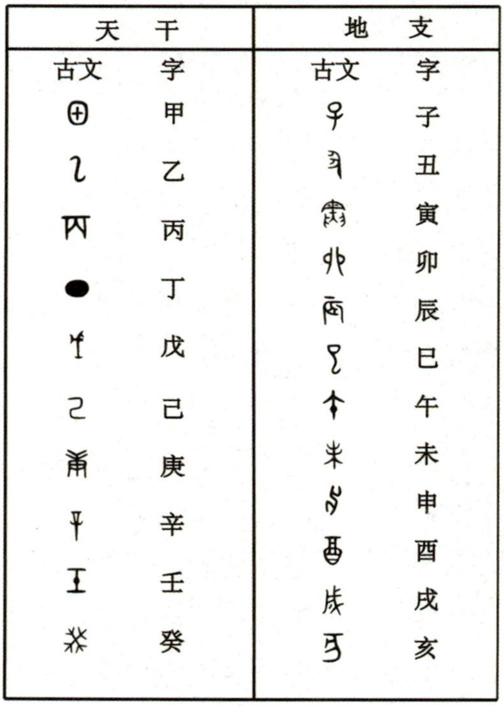

天干		地支	
古文	字	古文	字
	甲		子
	乙		丑
	丙		寅
	丁		卯
	戊		辰
	己		巳
	庚		午
	辛		未
	壬		申
	癸		酉
			戌
			亥

卯、辰、巳、午、未、申、酉、戌、亥十二地支相互配合，组成甲子、乙丑、丙寅、丁卯等六十个干支，用它来记日，六十日一个循环，用它来记年，六十年一个循环。天干地支记日法起源于夏朝，所以我国的历法又称为夏历，商周沿袭，一直到近代，是世界上使用最久的历法。

天干地支不仅是历法，还可以用作计数，更是我国传统学问的基础工具，尤其是与阴阳五行（金木水火土）结合起来，可以广泛应用于人们的生活中。天干代表空间，为东方甲乙木、南方丙丁火、中央戊己土、西方庚辛金、北方壬癸水。地支代表时间，亥子为水、寅卯为木、巳午为火、申酉为金、丑辰未戌为土。

商代刻干支表（牛骨）

二、鼎立九州与商周金文

鼎，自古以来就被蒙上一层尊贵而神秘的面纱。关于鼎的传说和故事很多，相传大禹在治水之后，将天下划分为九个州，分别是冀州、兖（yǎn）州、青州、徐州、扬州、荆州、豫州、益州、雍州。大禹命令各州的地方长官“九牧”征收青铜，又精选能工巧匠，镌刻九州的山川名胜、奇异之物，铸成九座巨大的宝鼎。九鼎象征天下九州，成为“天命”之所在，是王权至高无上、国家统一昌盛的象征。《汉书·郊祀志》有：“禹收九牧之金，铸九鼎，象九州。”说的就是“禹铸九鼎”的故事。

到了商周时期，人们把字铸刻在青铜器上，后人称之为金文（古代称铜为金）。由于青铜器的礼器以鼎为代表，乐器以钟为代表，所以又叫钟鼎文、铭文。早期的青铜器上常铸有作器者的族名、私名和所要祭祀的祖先名，字形比较原始，字数由少到多，能清楚地反映出汉字发展演变的脉络。在商末周初的一段时间，青铜器冶炼、铸造技术又有了长足的进步，殷周王朝用大量的青铜赏赐贵族、大臣。这些人铸造青铜器时，往往要刻铸铭文来记述圣王的恩赐，颂扬祖先的功烈，企望长久地留传给子孙后代。迄今为止，人们已经发现的青铜器铭文有 14 000 余篇，《金文编》（修订第 4 版）中共记录了 3 772 字，已经辨识的字 2 420 个，仍有 1 352 字无人能解。

后母戊鼎，曾称“司母戊鼎”，因鼎腹内壁铭文“后母戊”而得名。古文“司”“后”两个字互为反写，常常假借“司”（司）代替“后”（后）。

后母戊鼎

后母戊鼎内铭文

同甲骨文相似，金文也是以象形字为基础，象形性很强，“六书”齐备。因系范铸成字，所以笔画大多肥胖，且不如甲骨文那样均匀。这些是金文字形方面较为突出的特点。

周武王时的《利簋（guǐ）》铭文中，记有武王伐纣灭商这一重大的历史事件，与史书所载相符。读法如古籍顺序：“武王征商，唯甲子朝，岁鼎，克昏夙有商，辛未，王在阑师，赐有事利金，用作檀公宝尊彝。”铭文大意是：武王征商，甲子日黎明，并逢岁星（木星）当空，杀牲衅鼎。占卜问：“早晚便可灭商否？”辛末日，武王克商后来到阑师，并赏赐青铜吉金给伐商有功之人。为答谢太王亶父之灵，特此铸造了这件彝器。

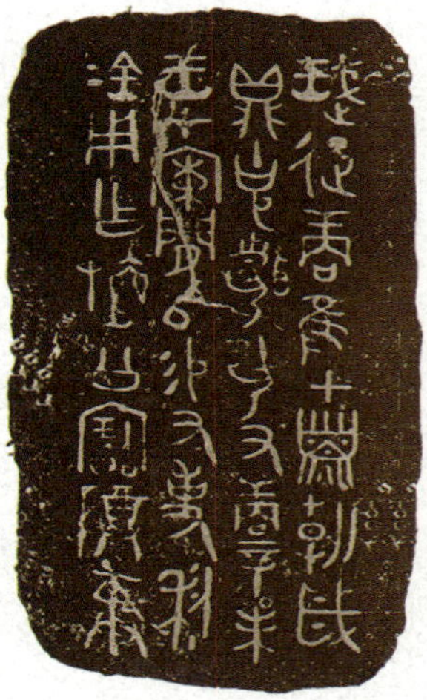

《利簋》铭文

通过这幅金文可以看出，与甲骨文相比，金文有了线条化、平直化的趋势，笔画肥粗，屈曲圆转；字间排列整齐，浑厚庄重，显得更为正式。

古人应用甲骨文和金文的时期非常接近，在很长的一段时期，两种文字并行于世。金文铸在青铜器上，具有更多的纪念意义；而甲骨文是占卜记事的刀笔刻字，以方便刻画、存档备查为目的。有学者认为，金文就像是现代的印刷字体，甲骨文更像是手写体；或者说金文是正规体，甲骨文为简便体。

三、百家争鸣与先秦篆书

从上古时期直到夏商周朝，早期文字的使用范围仅仅局限于君主、诸侯的史臣、卜臣等，地位极高。殷商时代，卜臣是文字的主要书写者和管理者。周朝的史官掌典册，记要事，书诰命，太史是朝廷的重要辅臣。

“史”“吏”“事”“使”这四个字本来是一个字，金文字形“”，后来分化成四个字。“史”和“事”的下半部分是一只手，上半部分像笔或者简册，小篆的“史”（），上面是“中”，说明书写文字时应当持中守正。“史”字的本义是掌管文献典籍的人，引申为事君的官吏，又引申为职事、使用。后来为了区分这四个意义，古人又新造了三个字。四个字在小篆中得以区别出来，持书者谓之“史”（），治人者谓之“吏”（），职事谓之“事”（），任用人谓之“使”（）。

因为“记要事，书诰命”是一种具有高度技术性的工作，史官的职位并非一般人可以轻易胜任。通常情况下，史官世世代代子承父业，从小培养，训练书写的技能。

随着时代变迁，到了西周末年，一是语言文字发展，社会教育的范围扩大，认识文字、会写文章的人越来越多；二是诸侯强大，周室衰微，不仅诸侯各国的史臣成长壮大，周朝廷的史臣亦流散各国。文字不再仅为王室所掌控，诸侯各国、诸子百家都重视文字、使用文字，这无疑推动了社会的发展，促进了文化繁荣与进步。与此同时，这也造成周王对天下控制力的衰弱、诸侯权势的增大与民心的涣散。

西周末年，周宣王中兴，大力发扬文化，重整民心，命令太史籀对金文进行整理和统一，著有大篆十五篇，称为籀文。相传《史籀篇》是我国古代有文字记载的最早的字书之一，四字一句，编成韵语，是教识字的课本，也是历史上有记载的最早的识字教科书。现在原书已经散轶，只有约 200 字被收录在许慎的《说文解字》中，字体与金文及石鼓文相似。

西周之后为东周时期，东周分为春秋和战国，那个时期诸侯割据，连年征战，文化领域出现了百家争鸣的气象。与此同时，春秋战国的文字种类繁多，不像商周文字那样单一。已出土的战国文字有石鼓文、货币文字、玺印文字、简帛文字、陶文以及盟书等。这些文字的名称有些是从书写材料的角度提出来的，如石鼓文、简帛文字和陶文，有些则是从书写内容和用途的角度提出的，如玺印文字、货币文字和盟书等。各文字大体上相近，只有小部分文字有所差异。

（一）石鼓文

古人为使自己的事迹或思想流传后世，除了在青铜器上铸制文字，或在竹简丝帛上书写文字外，也在石头上刻写文字。中国现存最早的长篇石刻文字，是公元前四世纪左右的《石鼓文》。它作为秦始皇“同书文字”之前的秦系文字，是大篆书体的典型代表，被后人誉为“碑刻之祖”“篆书之祖”。

《石鼓文》是唐代初年在天兴县（今陕西省宝鸡市）境内发现的，共700余字，分刻于十个石头之上。石头直径长三尺有余，形似大鼓，于是人们就叫它石鼓。石鼓上的文字均为四言诗，一共十首，主要记述了秦国国君整治道路、游观渔猎的盛况；因其讲到打猎的内容特别多，所以后人也称它为“猎碣（jié）”。“碣”的意思是圆顶的碑石。

石鼓

石鼓文上承西周金文余绪，下启秦篆之辉煌，是介于金文和秦小篆之间的过渡书体。石鼓文章法严正，排列整齐，行间字距都有定格，而且字形大小一致，高宽比例形成竖方形，接近黄金分割率（约0.618）。单体字字势静而有动，复体字组合分割的比例已十分得当，均衡稳定，偏旁字元相互呼应，有肃穆端正之感。笔画复杂的单字和笔画简单的单字，字形大小相差不远，总体形成了石鼓文舒展大方的字形和严正有序的排列特点。

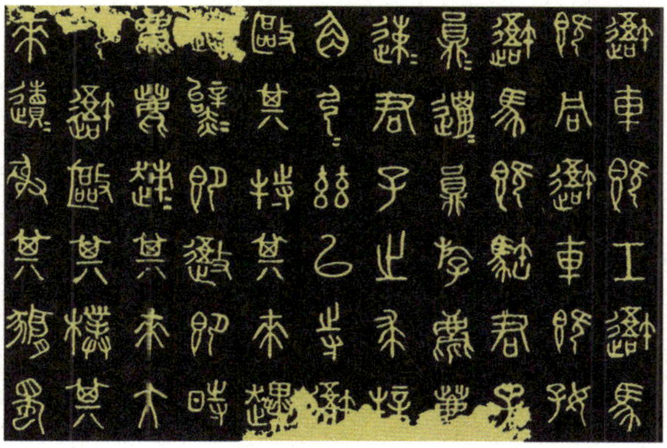

石鼓文

石鼓文以线走文，文字初创时期的那种直绘象形的手法已经消失，走向了笔画划一的规范化方向。用线刚劲挺拔，起笔、走线转角、收笔圆润饱满，曲线的运用富有变化，既婉转生动而又富有弹性。石鼓文给秦国篆书选择了一个特定的沿革走向，为以后秦朝小篆的出现奠定了基础。

（二）简牍文字

据考古证明，简牍最晚在殷商初年就已使用。但由于简容易腐烂，早期的简牍文字很难保存下来，目前考古发现的简牍文字最早是战国时代的。

西汉景帝时，诸侯鲁恭王为扩大宫室，拆毁了孔子旧宅，在墙壁中获得古文《尚书》《礼记》等。西晋武帝太康二年（281 年），在河南汲县发现战国魏墓，出土《纪年》《穆天子传》等竹简书。近数十年发现的竹简、帛书以楚国为大宗，最重要的是包山、郭店的两批简。

包山楚简

郭店楚简

郭店楚简包含有多种古籍，主要是道家和儒家的著作。其中道家著作有《老子》（又称《道德经》）甲、乙、丙三种抄本，绝大部分与今本《老子》相同或相近，但章次不对应，也不分“道经”与“德经”。

字里乾坤：汉字与书契

伏羲“造书契”，书契既是统称文字，也是指书写文字时的书写工具和载体。以书写工具来看，古代的笔分为硬笔和软笔两种，刀笔、木笔、竹笔等属于硬笔，软笔则主要指毛笔。甲骨文是使用刀笔在龟甲或兽骨上刻画，《释名》中说“契，刻也，刻识其数也”，“契”字上半部有“刀”，下半部“大”是指双手，意思是手拿刀刻字。而木笔或竹笔则是用木、竹条蘸漆在物体的表面写字。秦朝之前，笔有很多名称，但在汉字里主要用“聿”（yù）来表示，“聿”的金文写作“”，像用手拿着竹枝蘸漆写字，小篆“”在竹枝底下加上一横，表示画出线条，因此“聿”的本义是笔，引申为书写、规划等。以“聿”为元素的字，还有很多，比如：

笔，繁体字是“筆”，由“竹”和“聿”组成，表示竹枝制成的笔。

书，繁体字是“書”，由“聿”和“曰”组成，表示用笔把言语“说”出来。

画，繁体字是“畫”，由“聿”和“田、一”组成，表示用笔描绘田界（田一），引申为绘画。

昼，繁体字是“晝”，由“聿”和“日、一”组成，表示用笔画出太阳的界限（日一），古人把一天划分为白昼和黑夜。

律，“彳”为道路，表示用笔规划道路，引申为制定的法规。

建，“廴”为长远行进，表示用笔规划长远可行的道路，引申为规划长远可行的制度。

秦朝大将军蒙恬用一小撮羊毛插在竹管上写字，发明了毛笔。毛笔写字笔画流畅，书写迅速，改善了硬笔的缺点，为了有别于古老的硬笔“聿”，蒙恬称它为“弗聿笔”。自此以后，毛笔成为文人喜爱的书写工具，后人逐渐以“笔”来代替“聿”。“笔”字的另一个篆体写法“”，上面是“竹”，下面是“毛”，表示羊毛插在竹杆上的笔，这个字形更真实地诠释了蒙恬所造的毛笔，以竹制成笔杆，以羊毛或狼毛做笔头。如今，“筆”的简体字正写作“笔”。

我们现在用的书写材料是纸，在纸发明以前，简牍是主要的书写载体。在古代，中原大地温暖湿润，到处都有茂盛的树林和竹林，古人将竹片和木片加工为经常使用的书写材料。

单独一片竹叫作“简”，又称为“策”，许多简编连起来叫作“册”，将编连好的书册卷起来称为“卷”。

简，由“竹”和“间”组成，竹片之间承载的是文字，因此“简”的本义是一片竹简。一片竹简文辞简略，所以有简单的引申义。

篇，由“竹”和“扁”组成，“扁”通“编”，竹简编成册的书籍，引申为首尾完整的一篇文章。

策，由“竹”和“朿”组成，“朿”是“刺”的初文，本义为尖状竹条。“策”的本义是用刀削竹，如策杖、鞭策，引申为激励，假借为帝王对臣子的惩戒文书，或臣子应对的办法，如策问、计策等。

竹简的制作并不简单，首先要选择上等的青竹，称为“青”；然后削成长方形的竹片，再用火烘烤一片片的青竹，一方面是为了便于书写，另一方面也为干燥防虫。烘烤之时，本来新鲜湿润的青竹片被烤得冒出了水珠，像出汗一样。这道烘烤青竹的工序叫作“杀青”。“杀”字的意思是削、刮，“杀青”就意味着定稿。现在电视剧或者电影拍摄完成，也称为杀青。而“汗青”渐渐成了竹简的代名词，后来引申为“史册”。宋朝抗元英雄文天祥的《过零丁洋》诗中，就有家喻户晓的名句：“人生自古谁无死，留取丹心照汗青。”

后来到了秦代，人们用毛笔在竹青上写字，就免了刀刻这道工序。著书时草稿往往先写在青竹的表皮上，青竹的表皮比较光滑，修改很容易，只需将原来的字迹擦掉。待定稿后，刮去竹子的青皮，露出竹白，将字写在竹白上，字迹渗入竹白不容易消失。

古人除了用竹简写字，竹子较少的地区还会用木片来书写。将木质柔软、方便书写的木材削成木“方”以供书写，“方”可谓形如其字，近乎方形，长度和“版”一样。“版”是细长而窄的木片，一尺长的版叫作“牍”，人们常用木牍书写记事、传递消息，所以后来“尺牍”就成为信件的代称。

悬泉置出土的木简

“片”的篆书“ ”是“木”的篆书“ ”的右半边，“片”的字形像将木劈成片状，意思是单方面、微小、薄平的东西。所以，“版、牍、牒（dié）”都是以片作为偏旁。

版，由“片”和“反”组成，本义是可以翻过来印刷的木制刻版。

牍，由“片”和“卖”组成，“卖”通“读”，本义是可以读的较长的木片，引申为书信、公文。

牒，由“片”和“叶”组成，本义是像叶片一样小而薄的木简，是可折叠的册子，多用于记录数字、器物、人名等。

除此之外，“业”是指挂起来的版，许多版牍捆扎在一起叫作“函”，用来练字的多棱形长木条叫作“觚”。

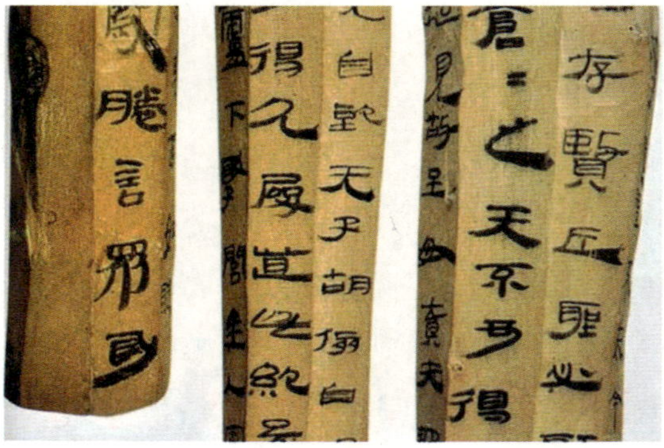

木觚

竹制简策和木制版牍形式多样，单片便于携带，多片又易于捆扎。古人“大事书之于策，小事简牍而已”，简单的一两片简牍就足够了，如果是大事，十几片或几十片也不一定够用，一旦片数较多，就需要用麻绳或皮韦编连起来，成为一“篇”或“册”。

“册”，金文为“ ”，篆文为“ ”，中间的椭圆形或两条线表示编竹简或者木简的绳索和皮韦，上下贯穿的五条线就像刻有文字的竹简或者木简，“册”字的本义是编串在一起用来书写的竹简或者木简。

“韦”的繁体字是“韋”，它的上部和下部是“止”，表示两只脚围着中心（口），

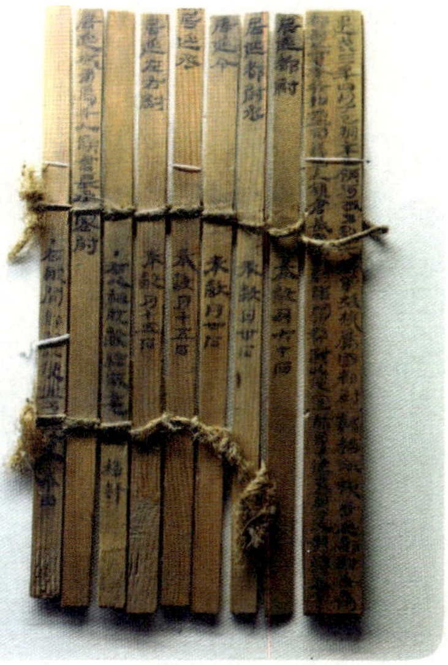

东汉居延都尉府奉例竹简

本义是围绕，如组合字“围”。软的皮韦可以当作绳索，用皮韦编连竹简制成的“册”是最结实的。我们常说的“韦编三绝”这个成语，描述的是孔子读书的故事，孔子晚年时喜欢研读《易经》，并且撰写了《彖》《象》《系辞》《文言》等“十翼”，不知翻开来又卷回去读了多少遍，把串连竹简用的牛皮带子都磨断了多次。他还说：“如果多给我几年时间，五十岁时就学习《易》书，那么就可以不犯大错误了。”正如《论语》中记载的：“加我数年，五十以学《易》，可以无大过矣。”可见，至圣先师孔子是多么好学和谦虚。

“删”字由“册”和“刀”组成，本义是以刀修整书册，去除不要的内容。孔子删《诗经》，是以“诗三百，一言以蔽之，思无邪！”的原则，从三千首诗中精选了三百多首，所以《诗经》也就是《周诗三百首》。后人编《唐诗三百首》《宋词三百首》等，都是模仿“孔子删诗”的举动。

《墨子·兼爱》里面写道：“吾非与之并世同时，亲闻其声，见其色也，以其所书于竹帛，镂于金石，琢于盘盂，传遗后世子孙者知之。”意思是说：“我没有同他们生活在一个时代，没能亲耳听到他们的声音，亲眼看到他们的容颜。我是通过他们书写在竹简布帛上、雕琢在钟鼎石头以及盘盂器皿上的那些流传给后世子孙的文献中知道这些的。”可见文献、史册多么重要了。

《尚书·多士》里面说：“惟殷先人，有册有典。”意思是说殷商的先人有记载历史的文献典册，非常详尽。这里的“典”字，甲骨文写作“”，是由“册”和“廾”组成，“廾”表示两只手或者是桌几，“典”的本义是双手捧着书册，或是放在桌几上的重要书册，表示用手恭恭敬敬地捧着书册。许慎在《说文解字》中说：“典，五帝之书也。从册在丌上，尊阁之也。”说明典籍需要放在尊贵的书台上。可见，“典”这个字寄托了古人对经典的尊重之心。因此，我们一般用“典”来表示那些重要的、足以垂范后世的书籍，如经典、字典、法典等。

古时候，举行隆重的仪式都要依据典籍里面记载的礼仪规范，因此就有了“典礼”一词。典礼指的就是隆重地举行的仪式，比如“开国大典”里面的“典”字就是典礼的意思。有个成语叫“数典忘祖”，出自《左传·昭公十五年》，说的是在周景王十八年，晋大夫籍谈出使周王室。宴席期间，周景王问籍谈，晋国为什么没有带贡品来。籍谈回答说，晋国从未受过王室的赏赐，为什么要献上贡品呢？周景王很生气，列举了周王室赐给晋国器物的旧事，并责问籍谈身为晋国司典的后代，其先人负责掌管国家典籍，怎么能够忘了祖先的职守呢？后来就用“数典忘祖”讽刺那些忘本的人。

简册的使用悠久漫长，到了魏晋时期，随着造纸术出现，人们使用纸越来越普遍，但是官府文书仍然以简册为主。一直到南北朝时代，简册才基本绝迹。册在古人的文化生活中十分重要，哪怕它作为一种并不方便的书写载体早已退出了历史的舞台，但在汉字的世界中，它却始终是书籍的代称，直到今天，我们也常用“册”来指称书本，比如：“这本书人手一册。”

（三）帛书文字

在使用植物纤维纸之前，古人也会在丝织物“帛”“缯（zēng）”上书写文字，目前发现的有在湖南长沙子弹库战国楚墓出土的、现藏于美国纽约大都会博物馆的《楚帛书》，亦称《楚缯书》或《楚绢书》。年代“约相当于战国中晚期之交”。帛书有很多墨书文字，周边是彩绘的图形，其内容多是有关阴阳数术的，如叙述四时起源、天象的灾异以及十二月的宜忌等。

《楚帛书》

楚帛书的文字具有典型的楚地地方特色，起收笔锋运用的变化不大，笔画呈弧形而且倾斜，富有动感；字形多取扁势、侧势，有一种自然随意的效果。

（四）货币文字

战国时期，各国的生产和交换都得到了迅速的发展，商品市场高度繁荣，商业的发展促进了货币的大量发行。货币是用青铜铸造的，种类很多，有刀币、布币、蚁鼻钱、圜（huán）钱等。

齐国发行一种“即墨”刀币，上有“節（即）墨之法化”的字样。即墨是齐国县名，也是该币的铸造地。另有一种货币叫布，即镈（bó）。镈原是一种铲形工具，后人模仿其形铸币。布币通行于韩、赵、魏的三晋地区，同时也流行于燕、宋等小国。

战国货币

战国晚期，兴起一种外圆内方的钱，中间有方孔，可以穿成一串，称为圜（huán）钱，又叫圆钱。这种货币形式，为汉以后各朝所继承。圜钱文字有“西周”“东周”字样，是东、西周的货币。后来秦兴起了“半两”圜钱。

字里乾坤：汉字与商贸

远古时期，人们没有多余的物品，所以不需要交换，没有买卖，也没有市场。神农氏炎帝作首领时，他教民稼耕，治理洪水，发展生产，百姓丰衣足食，有了剩余的物品。但是问题来了，有人有粮却无陶器盛装，有人会造弓箭却无牛耕地，烧陶者需要粮食，打渔者渴求兽皮，这样就产生了物物交换。由于没有专门的市场和统一的时间，交换起来很不方便。经过实际考察，炎帝创立了“日中为市”的制度，确定在每天的中

《清明上河图》中的集市

午时分，南来北往的人们，携带着自己的货物，在市场上彼此交换后，各自散去。正如《易经·系辞》所载：“日中为市，致天下之民，聚天下之货，交易而退，各得其所。”

一开始，人们的交易模式是以物易物，那时还没有出现货币，人们互相交换多余的物品，比如猎物、兽皮、布帛、铜器、陶器等。随着交换越来越频繁，一些大家都需要或者都能接受的物品，逐渐成为交易的媒介物，比如贝壳、珠玉、粮食、布帛等，最终发展成为真正的货币。

最早的货币叫贝币，中华文化起源于黄河流域，虽然黄河鱼虾富饶，但位于中原地区，距离海边遥远，所以很少见到海贝。对于中原地区的人们来说，美丽的贝壳更显珍贵。人们把贝壳当作装饰品，挂在身上。贝壳小巧，方便携带，人们愿意用自己的物品来交换贝壳，所以体积小又坚硬的贝壳便成为交易的媒介。

贝币

所以许多跟钱财、交易有关的汉字，都是“贝（ ）”字旁，或者包含“贝”，比如“货物”的“货”，“价格”的“价（價）”，“费用”的“费”，“资金”的“资”，“购物”的“购”，“赚钱”的“赚”，“财富”的“财”，“账单”的“账”，“贩卖”的“贩”，“贬值”的“贬”，“贵”和“贱”；“分贝”为“贫”，只看到眼前的钱财为“贪”，还有“贷、贸、贺、宝（寶）、责、赏、赐、赠、赌、贿、赂、败、贮、贼”等。

古代贝币是以“朋”为计量单位，五枚贝币用绳索串起来为一系，两系相连为一朋，朋的金文“ ”像两串贝壳的样子。朋最初是计算钱币的单位，后来引申为朋友的意思，《周易正义》有“同门曰朋，同志曰友”。在古代，朋和友是两种不同的关系，“同门曰朋”是指与自己一起拜师学习的人，朋类似现在的同学；“同志曰友”则是指有相同的志向而在一起的人，才能称为友。“友”的小篆“ ”是上下两只手往同一个方向，就像热情的同志伸出双手一起实现共同的理想。

后来人们生活的范围不断扩大，大海不再遥不可及，贝壳变得常见了，再用贝壳作货币就行不通了，于是人们改用“布”当作货币。“布（）”字的上半部分是“手”，下半部分是“巾（）”，巾就像挂着的一条毛巾。布的本义是手拿着布匹，后指纺织品，又引申为用手将布铺设开来，陈列、散布。钱币主要用于流通，所以即使后来人们不再用布匹作为货币，而改换为金属货币时，仍然把钱叫作“货布”，又叫“布钱”。货币的“币”字下面也是以“巾”为意首的。

进行买卖贸易活动的场所叫作市集，“市”（）字是由“束”和“巾”会意的，意思是把“巾”（货币）集中起来的地方。古时候市又称为“墟”，一开始本没有“墟”字，以“虚”字代替，“虚”的小篆“”下部是“丘（）”，上部是“虍”（即“虎”），本义是有虎出没之大丘，因为大丘陵顶部空旷，所以引申为空虚。早期的市墟没有专门的职业商人，周武王伐纣之后，把所有商朝遗民都降为最低等的国民，商朝遗民本身不能拥有耕地，只能替周人耕作服役，生活非常辛苦。由于周朝生产力提高，有较多农产品可换取日常用品及各种工具，但当时买卖属于低贱的工作，周朝贵族当然不可能从事，商朝遗民为了生计，就东奔西跑以贩卖为生，久而久之形成固定的职业，于是人们把从事这个行业的人称为“商人”，把用来交换的东西称为“商品”，至于这个行业，就称为“商业”了。

谈到“商业”可能会让人联想到“垄断”这个词，不仅在现代如此，其实远在古代“垄断”就和商人息息相关。“垄断”的“垄”字本义是隆起的土，泛指高地。《孟子·公孙丑下》提到：“有贱丈夫焉，必求垄断而登之，以左右望而罔市利；人皆以为贱，故从而征之。”在旷野的市集上，被称为“贱丈夫”的商人必定要找个横断的高冈，以登高望远，左右探望，见到利就网罗，最后把市利都网罗了。因为这种“垄断”的行为，商人获利渐丰，统治者出于统治的需要，便向商人征税，这也是商人缴税的缘由。

伴随着人们对冶炼技术的掌握，慢慢出现了用青铜浇铸的铜仿贝、刀、布等。由于金属具有坚固贵重、持久不变的特性，金属钱逐渐成为货币的主流。“钱”字的偏旁是“金”，右侧是“戋”，代表众多微小物，“钱”的本义就是众多小的金属。春秋战国时期，钱币的种类繁多，直到秦始皇统一中国，统一铸造了圆形方孔的半两钱，这种圆形方孔的钱币样式一直延续到清朝，这代表了古人“天圆地方”的宇宙观。

为了方便携带钱币，人们通常将其穿成串，一千个币为一“贯”。“贯”字的金文写作“”，像用绳穿起两个贝币，引申为贯穿、串连。当人们出远门办事时，将几贯钱币“盘”起来“缠”绕在腰间，既方便携带又安全，因此古人将旅费叫作“盘缠”。古时候形容人非常富有，钱财极多，就说这人“腰缠万贯”。

一贯钱

（五）印玺文字

在秦以前玺印不分，玺就是印，而印则是信，是官府行使公权力的符信，故又常称为印信，职官均有之，据说起于夏殷。

秦始皇时，规定天子印称玺，“玺”字的下部为“玉”，意为玉印。私人的印不能用玉制，只能称章。所以战国印不分公私概称古玺，秦以后皇帝、皇后之印称玺，其余皆称印。古玺有官玺，即政府机关的玺；有私玺，即个人的私名玺；有成语玺，这主要是一些格言和吉利的话；还有一种肖形印。

以官玺为例，其内容多反映的是官员的身份或职能部门的名称。

大府　右司工　右司马　连尹之玺　伍官之玺

（六）盟书文字

盟书又称载书，是春秋战国时期诸侯或卿大夫订立盟誓时写在简策、玉片或石片上的盟辞。

最具代表性的是20世纪60年代在山西晋故地侯马出土的五千多片盟书。这批盟书的出土，对于研究战国时期的历史和文字具有非常重要的意义。这些盟书的文辞用笔书写，玉片、石片的形状似圭形。盟辞的内容各有不同，篇幅长短不一，最少的仅有十余字，最多的达二百二十余字。其字体变化多样，形态复杂。

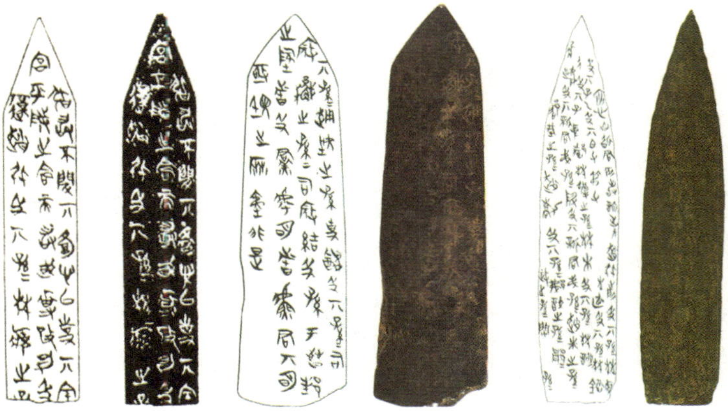

侯马盟书

在侯马盟书中，“敢”字就有九十多种写法，而“嘉”字的写法超过了一百种。每个执笔者都在根据自己的喜好，书写不同的汉字外形，就连一个诸侯国国内的文字写法都是不一样的，可以看出诸侯国内部也是文字异形，相当混乱。

字里乾坤：歃血为盟的故事

古人订立盟誓时，先在简策、玉片或石片上用毛笔写上盟辞，盟誓完毕后书写盟书一式两份，并将副本藏于盟府。《春秋左传正义》：“凡盟礼，杀牲歃（shà）血，告誓神明，若有背违，欲令神加殃咎，使如此牲也。”这说明，古代诸侯国之间盟誓，为了郑重起见，需要举行盟誓仪式，杀牲畜“歃血为盟”，以上告神明，如果任何一方违约背叛盟友，将遭受神的制裁，背弃盟约者的性命将如同牲畜一样。

“歃血为盟”的“歃”字左边的“臿”由“臼”和“干”组成，像持杵插入石臼，本义是插入；“歃”右侧是“欠”，甲骨文写作“”，像人张开口，“欠”字构成的“吹、饮、叹、欢、歇”，皆是打哈欠或者张口饮食的含义。所以我们从“歃”字就可以想象出当时歃血仪式的画面，即盟誓双方把手指插入盛血的器皿，蘸了牲畜的血之后涂抹在嘴唇上，或者喝了器皿中的血。

盟誓用的牲畜多为牛，大夫盟誓也用猪、鸡、犬，主持盟会的诸侯王侯亲手割牛耳取血，并首先饮用或以血涂抹在嘴唇上，以示诚意，所以用“执牛耳”代表做盟主，后来引申为在某一领域处于领导地位。

（七）先秦篆书的特点

先秦篆书，即上述的战国文字，不仅种类五花八门，而且具有鲜明的地域特征。由于诸侯割据，春秋中期时各国的文字就有了一定的差异。到了战国时期，这种差异更加明显，不同地域的文字形体各异，这是一个用字混乱、极不规范的时期。战国文字除了可以在用途上分类之外，还可以根据区域不同进行区分。现代学者王国维根据地域特征，把战国文字分为六国文字和秦系文字。随着资料的不断被发现，对战国文字的研究更加细致深入，有些学者又进一步将六国文字分为燕、齐、三晋、楚四系，加上秦系共为五系。

秦国地处西周故土，与六国文字比较（见下表），秦系文字更多地继承了周代文字的特点，所以也称作周秦文字。战国秦文字有字体规整的正体，

战国时期的文字对比

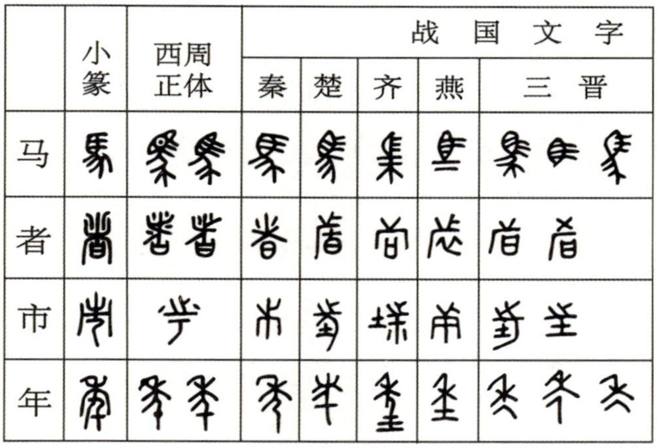

即秦篆，又称小篆；也有俗体秦隶，即隶书的萌芽。秦灭六国后，以小篆为基础统一文字，秦朝国祚虽短，但秦系文字随始皇帝“书同文”而延续至今，我们今天的汉字就是秦系文字。所以战国秦系文字在汉字发展史上，实际上起到了承前启后的作用。

四、书同文与秦朝小篆

秦始皇像

秦王嬴政统一了中国，结束了自春秋战国以来五百年诸侯分裂割据的局面，建立中国历史上第一个强大的中央集权制国家。秦朝也是历史上极为重要的朝代，虽然时间非常短，只有短短的十四年，但是秦朝的历史建树是非常惊人的。秦朝统一了幅员辽阔的华夏大地，统一了货币，统一了车轨，统一了度量衡，统一了文字，创立了郡县制和中央集权加文官体系的政治系统，奠定了中国千秋万载的基业。

其中“书同文”的意义可谓“功在当代、业在千秋”，在其后的两千多年里，国家政治版图虽分分合合，但终归于一统。此后在中国的疆域中，虽然仍并存着数以百计的方言，但天南地北的人写一样的字，读一样的书，承接一样的历史经验，增强了民族凝聚力，可以说“书同文”最大的意义便是促进了民族的统一。否则，如果汉字仍是五花八门的战国文字，各诸侯国都有自己的文字，甚至每个城市文字都不相通，那么统一的中国将会土崩瓦解，重新归为诸侯割据。在世界历史上，欧洲长期处在城邦割据的时代，其文字不统一是一个重要原因。

公元前 223 年，秦始皇昭告天下的文告中，将“书同文”列为自己最显赫的功绩之一。那么秦始皇是如何进行“书同文”的呢？据说统一文字最初是出于丞相李斯的建议，重要目的是“明法度，定律令”，利于大一统的国家推行同样的法律。秦始皇正是看到了统一文字对于推行秦制、巩固王权有诸多的好处，才拜李斯为丞相，命他拟订统一文字的方案。于是李斯作《仓颉篇》，中车府令赵高作《爰历篇》，太史令胡毋敬作《博学篇》，这三本书都是在史籀大篆的基础上进行简省删改，折中了秦、楚、齐、燕篆书，制定出了小篆。于是，在秦朝统一全国之初，小篆字体取代了各诸侯国的异体文字。秦始皇为了统一思想，“焚书坑儒”将用战国文字记录的绝大部分典籍付之一炬。我们今天从周鼎、石鼓、六国钱币上所能看到的战国文字，按秦朝的政令，全部不允许使用。最终，秦朝在“一法度衡石丈尺，车同轨”的同时，实现了“书同文”。

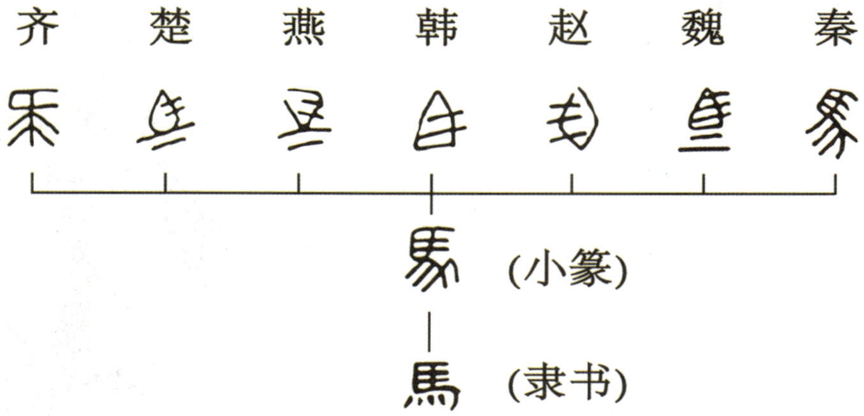

书同文——马

小篆的流行，虽然带有一定的政治成分，但也符合汉字的自身发展规律。小篆在保存汉字构形理据的基础上，使汉字构形进一步规范化、系统化，而不像六国文字那样为了简化而任意破坏汉字的构形理据。小篆最终取代六国文字而一统天下，是历史发展的必然结果。

目前所能见到的秦朝小篆也可分文物和文献两类。文物上的秦朝小篆比较少，较有代表性的有《峄山刻石》和《泰山刻石》。其中《泰山刻石》是李斯手迹，可谓标准的小篆。文献上的小篆主要见于东汉许慎的《说文解字》。

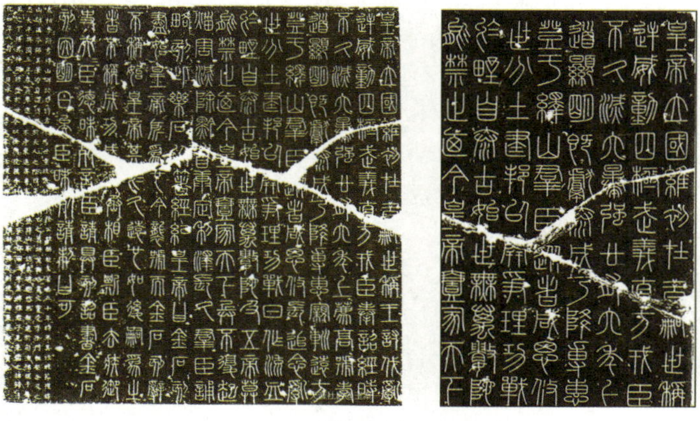

《峄山刻石》局部

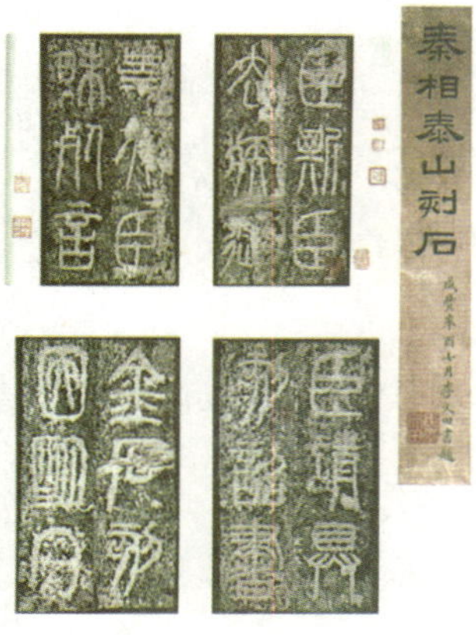

《泰山刻石》局部

这是保存小篆最系统的一部书，共收录小篆字头 9353 个。《说文解字》是我们释读古文字的重要桥梁，也是查检小篆字形的重要工具书，在汉字学史上具有极其重要的地位。

小篆文字的特点是数量大增，象形性减弱，符号性增强，笔画彻底线条化。小篆数量比甲骨文增加很多，约有一万字，尤其是形声字大量增加。甲骨文中，形声字只占 20% 左右；而在《说文解字》中，则猛增至 80%。小篆比较全面地保存了汉字的构形理据，字形固定，异体字较少。《说文解字》虽然收录了一些异体字，但数量很少。大部分字的构件、构件的位置、构件的笔画都已确定，不能随意变动，这与甲骨文字形书写的高度自由形成了鲜明的对比。

《说文解字》说："篆，引书也。""引"就是牵引拉长，使蜿曲的笔道平直化。"篆"书这个名称，正反映了小篆逐渐脱离"随体诘诎"的象形意味，而走向线条化的特点。小篆无论笔画多少，都是一笔一笔地拉长来写，线条粗细均匀，笔画分布均衡，而且字的大小基本相同，字形均呈长圆态势，已初具方块汉字的规模。

总之，小篆是汉字发展史上第一次大规模的文字规范化运动，它一举结束了春秋战国以来汉字长期混乱的局面，为促进民族的团结和国家的统一做出了重大贡献。小篆是古文字阶段的最后一站，它对古文字形体作了整理和规范，为汉字顺利过渡到今文字奠定了坚实的基础。

字里乾坤：皋陶造狱画地为牢的故事

秦朝"兴也勃焉，亡也忽焉"，有学者认为秦国自从商鞅变法之后，一直以法家立国，全国实行严刑峻法，可谓"成也法家，败也法家"。那么，在上古时期，是谁创立了中国的刑法呢？法的本义又是什么？

上古的时候，天下为公，人与人之间和睦相处，"盗窃乱贼而不作"，可谓夜不闭户、路不拾遗的大同之世。圣王治世，刑政不用而治，甲兵不起而王。然而，人性本私，私心自用，人与人之间渐渐地出现了争斗，国家之间也变得战乱频繁，而要达到"大同世界"，必须以道德伦理和法律制度规范人们的行为。据说最早的刑法是九黎族部落首领蚩尤在苗族实施的五虐之刑，这五刑皆是肉刑，分别是墨、劓（yì）、刖（yuè）、宫、大辟。

墨，又称黥面，在犯人面上或额头刺青，并染上墨。

劓，“劓”字由“鼻”和“刀”组成，意思是割掉犯人的鼻子。

刖，又称跀或膑。“刖”字由“月”（即“肉”）和“刀”组成，意思是斩掉犯人的脚。汉代以后“跀”和“刖”合为一字，“跀”字很少出现。“膑”字由“月（肉）”和“宾”组成，本义是髌骨，即膝盖处的一块骨。膑刑是指削掉犯人的髌骨。

刖人守囿车，出土于山西省闻喜县上郭村周代古墓，全车可转动部位有二十处，构思奇特，制作精巧，十分罕见。车周身装饰有猴、鸟、虎等近二十种动物，象征“域养禽兽”的苑囿，车厢前左门扉立一刖掉左足的守门“刖人”。《周礼》记载，“刖人使守囿”，意思是说受到刖刑的犯人，使其看守动物苑囿之门。因此，这件青铜器取名为“刖人守囿车”。

“苑”和“囿”字都表示蓄养动物的园林。“苑”下部为“夗”，左侧是“肉”，右边是“人”，表示人来回追赶动物；“囿”的甲骨文写作“”，像圈起来的土地，种植草木、蓄养鸟兽的四周有墙的园子。放到今天来说，苑囿就像是动物园和植物园。与现代不一样的是，古代的苑囿是君王贵族们狩猎的地方，平民百姓不得入内。

青铜器刖人守囿车（正面）

青铜器刖人守囿车（侧面）

宫，又称淫刑、腐刑，意思是割去犯人的生殖器。

大辟，“辟”字右侧为“辛”，“辛”像行刑的刀具，“辟”的本义是刑罚，大辟即死刑。

皋陶像

到了帝尧之时，帝尧仁爱子民，任用皋（gāo）陶（yáo）为掌管刑法的“理官”。皋陶是与尧、舜、禹齐名的“上古四圣”之一，被奉为中国司法鼻祖，后人尊他为狱神。皋陶以“明于五刑，以弼五教”为原则，“五教”即父义、母慈、兄友、弟恭、子孝，对犯有罪行的人先晓之以理，如果不听教化，再绳之以法。皋陶制定的五刑与先前的五虐之刑大不相同，五虐是摧残肉体的肉刑，而皋陶推行的却是五种“象刑”，就是象征性的刑法。

原来必须在脑门烙印的墨刑犯人，改为让他们身穿黑衣服；那些必须割掉鼻子的劓刑犯人，就用红色涂染他们的衣服；那些必须处以断足的刖刑犯人，就用墨把他们的身体涂黑；那些必须阉割的宫刑犯人，就用锥子刺在他们穿的鞋子上；而那些必须斩首的大辟犯人，就让他们穿一件粗劣的没衣领的上衣。

皋陶还想出了囚禁犯人的办法：他在地上画了一个圈，要求犯人站在其中，自己反省，在规定时间内不能出来。这种无遮无拦的牢房，是现代监狱的雏形。我们常说的“画地为牢”就是描述此事。

“牢”的甲骨文“”，像牛圈禁在栅栏中，本义是饲养牛羊牲畜的圈栏，如“亡羊补牢”。因为围栏会限制自由，故引申为监狱。因为围栏要求坚实，方能圈禁牲畜，又引申为坚固，如“牢不可破”。由围栏中的牛羊而引申为祭祀用的牲畜，如“太牢”。

“囚”字更形象，像人在围栏之中，表示受困之意。

“幸”字，小篆作“”，上为“夭”，表示夭折；下为“屰”，是“逆”的初文，表示反向。“幸”的本义与夭折相反，即远离灾祸。《说文解字》解释：幸，吉而免凶。如“幸而、幸福”。与“幸”字相似的还有一个“㚔”字，这个字很少单独出现，经常用于偏旁。“㚔”的甲骨文“”，像施于手腕的手铐或是木制的桎梏，本义是桎梏。“拘执”的“执”字，繁体字写作“執”，甲骨文写作“”，其左侧是“㚔”，即桎梏，右侧像跪着的人伸出双手，所以“执”的本义是捉拿、拘捕，引申为持守、坚持。还有一个字“圉”（yǔ），外部的“囗”像四面围住的墙壁，内部的“幸”（原字从“㚔”）表示手铐，所以“圉”即囹圄。后来“圉”这个字不常用了，被“圄”（yǔ）字取代，两者都是监狱的意思。

为什么帝尧时期可以画地为牢？为什么可以采用象征性的象刑？秘密不在刑法本身，而在于君王能够重视社会教化，让人们懂得仁爱，懂得礼貌，懂得犯了罪遭受象刑的处罚是羞耻之事。所以，一旦做错了事便心甘情愿地在那个画出的圈子里反思过错。形同虚设的牢房约束的不是身体，而是内心，这就是以德治国的作用。

我国第一部法律是皋陶制定的《大禹谟》。法律的“法”本义是什么？

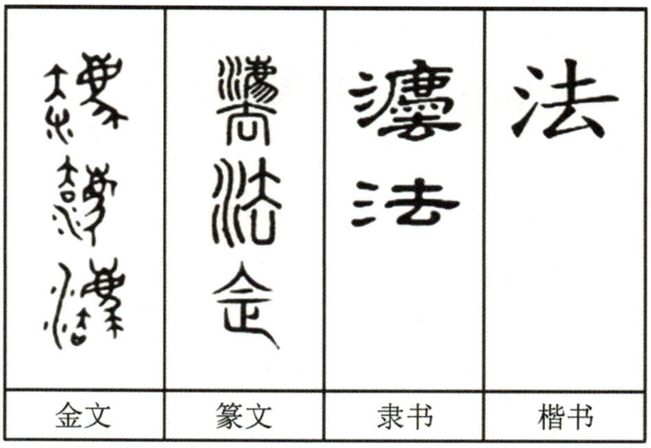

“法”字的演变

“法”的金文写作“灋”，在小篆和隶书中有“灋”和“法”两种书写方法，楷书写为“法”。近代规范汉字之后，“法”成为规范字，将“灋”视为“法”的繁体字或异体字。此外，“法”的异体字还有“佱”“峜”等。

“法”最早写为“灋”，金文“”，《说文解字》中没有“法”字，仅收录了“灋”字。“灋，刑也。平之如水，从水；廌，所以触不直者，去之。”“灋”在“六书”中属于会意字，由“水”“廌”“去”组成。“廌”在《说文解字·廌部》：“廌：解廌，兽也，似山牛，一角。古者决讼，令触不直。象形。”

相传皋陶使用神兽獬（xiè）豸（zhì）来断案决狱，獬豸又叫解（xiè）廌（zhì），大小如同牛，是一种独角神兽。据说它生性正直，有分辨曲直、确认罪犯的本领。每当皋陶判决有疑时，便将獬豸放出来，獬豸会用它的独角“触不直者”，被触者即为“败诉”。《说文解字》说：“直，正见也。”“直”字的甲骨文“”，造字初义是举目正视，引申为正、中等意思。大概是有罪的一方，做贼心虚，目光闪烁，不敢正视，才被神兽獬豸所察觉，所以獬豸能够将坏人荐举出来，这也正是“荐”的本义。

獬豸

史书上说皋陶为大理，天下无虐刑、无冤狱，那些卑鄙的小人非常畏惧，纷纷逃离，从此天下太平。后来，皋陶、獬豸的雕像和图像成了衙门中不可缺少的标志，成为司法的象征。从周朝到清代，御史、按察使等司法官通常

獬豸补子

戴獬豸冠，穿绣有獬豸图案的补服。

出于便于书写的需要，“廌”字从“灋”字中隐去，变为今天的“法”字。楷书“法”由“水”和“去”组成，象征公平如水、去恶务尽的法律精髓。由“法”之本义，引申出规则、规章之意；同时又引申出效法、方法之意。

五、今文古文与秦汉隶书

隶书是起源于战国晚期，到汉代趋于成熟的一种新型字体。隶书有秦隶、汉隶之分。秦隶又叫古隶，汉隶又叫今隶。

关于隶书的起源，有这样一个故事：相传秦国有一个叫程邈的狱吏，因为得罪秦始皇而被捕入狱。他原本负责文书一类的工作，深知小篆书写复杂，为消磨时间，他在狱中苦思十年，将小篆删繁就简、化圆为方，创立了一种新的字体，这就是隶书。据说秦始皇看了非常欣赏，不仅释放了程邈，还升他为御史，命令他将隶书推广至各郡县，以辅助小篆使用。段玉裁说：“其法便捷，可以佐助篆所不逮。”因此，隶书又称“左书”，“左”“佐”为古今字。

从文字发展来看，随着秦朝廷政令越来越繁多，法制越来越苛严，需要的文书越来越多，官吏的文字书写量也越来越大。事烦吏累，文字字体亟须改革，于是隶书应运而生。晋朝卫恒在《四体书势》中说：“秦既用篆，奏事繁多，篆字难成，即令隶人佐书，曰隶书。……隶书者，篆之捷也。”这就是说，和小篆相比，隶书是一种比较便捷易写的书体，由于政务繁杂、需要书写大量文件，因而就采用隶书书体，由普通小官吏协助书写。

秦代的隶书和小篆相当接近，书体处于由篆书向隶书的过渡阶段，因为它通行于秦代，所以被称为“秦隶”，又叫作“古隶”。古隶经过演变，逐渐脱离篆意，同时进一步丧失了汉字的象形意味，形成了自己独有的风格特点。古隶将篆文圆转的笔画变为方折的笔画，有时还加以省改，已具有隶书的风味，可以看成篆书的草写形式或俗体文字。

汉隶通常指东汉尤其是顺帝以后的碑刻文字为代表的隶书字体，其结构平整，布局稳重匀称，笔画带有明显的蚕头燕尾风格。这种字体旧时称八分书，简称八分或分书。那么，为何叫作“八分”呢？通常有两种说法：

一说为：“入笔藏锋，停笔出锋，蚕头燕尾，一波三折。”

另一说为：“横平竖直，蚕头燕尾，左右对称，如八之分。”

通俗地说，由于汉隶讲究波磔（zhé），特别是撇笔和捺笔，像“八”字一样呈左右分开的形状，所以又称“八分”。

从篆书到隶书的转变，又称“隶变”，是汉字史上的一大飞跃。隶书之前，学术界通常称为古文字阶段，从甲骨文开始算起一直保持着象形的原则，但是隶变以后，把原来“随体诘诎，画成其物”的象形手法抛弃了，形成了点、横、竖、撇、捺、钩等笔画，摆脱了古文字蜿曲线条的束缚，汉字变成了一横一竖、一撇一捺的方块字，开始步入今文字阶段。

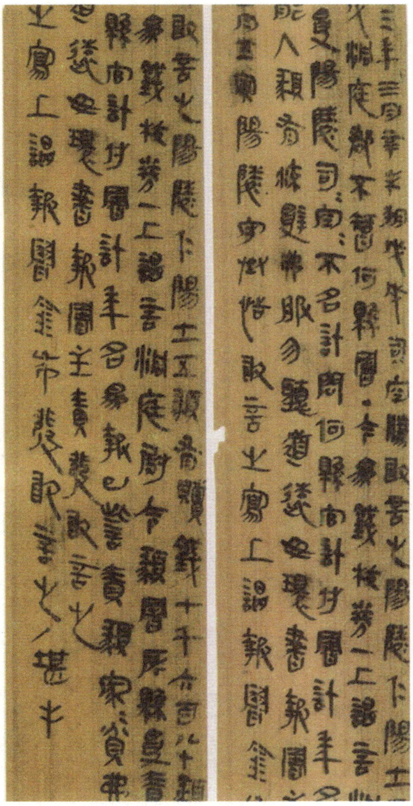

里耶秦简中的秦隶

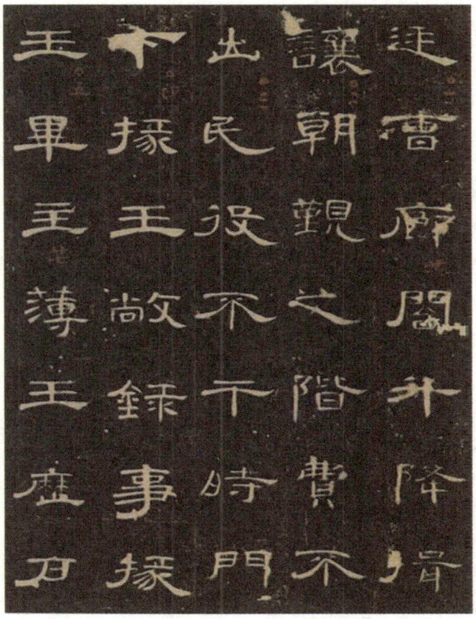

汉代隶书代表作《曹全碑》（局部）

字里乾坤：古人为何竖着从右向左写字？

从上到下的直书，一直以来就是中国人传统的书写习惯，除了少数空间有限的地方（比如门楣上的横批），古人们是不会横着写的，即便是横批，也是一字一行，由右自左分行直书。目前，港澳台地区的一些书籍，仍然沿用直书排版。

从左往右的横书，近代从西方传过来，是为了契合排版外国文字的需要。一开始，横书很受歧视，那时的读书人将横书蔑称为“蟹行文字”，耻笑外国文字只会像螃蟹一样横着走，不会像人一样直着走。

那么，我们的先人为什么竖着写字，而且行与行是由右向左写呢？在多行连续书写时，写字的右手总是把已经写好的文字掩盖住，而且如果不细心，右手衣袖还会涂抹到未干的墨汁，于是写字时要提腕，甚至要用左手挽住右衣袖，这造成了很大的不方便。可为什么还要这样书写呢？

要回答这个问题，首先要知道人为什么用右手写字。世界上绝大多数的人是用右手写字，也是用右手做强度大、灵巧性高的活动。究其原因在于，人体的气血循环和能量运行的规律是右气左血、右升左降。与左手相比，右手偏重于能量的输出，所以一般来说，右手右脚比较灵活而且有力。因此，无论是持矛狩猎、进食持筷，还是握笔写字，人们通常主要使用右手。

“左”字，篆书写作“”，由左手和“工”组成，象征手持工具，辅助的意思。

“右”字，篆书写作“”，由右手和“口”组成，手口相助，意为护佑、庇护。

左与右都有辅助的含义，如“左辅右弼”。两者的区别在于，古人以右为尊，所以“右”引申为地位高的，如“无人能出其右”；而“左”假借为偏差、相背，如“意见相左”。

其次还要知道，是什么人需要写字？答案是“读书人”。再问，读书人读什么书？古人当然是读圣贤书。而什么叫圣贤书？能经世济民的书方能称作圣贤书。那么，怎么对待“圣贤书”？结论是，在圣贤书前，人要正襟危坐，心胸坦白，慎始敬终。所以，传统汉字的书写方向是由远及近、由外及里，用笔之前必须慎始敬终。

写每一个字时，以右手腕为轴，拇指和食指捏住书写工具，两指的伸缩范围在左上和右下之间。写每个字之前，书写者要胸有成竹，手腕基本不动，手指按照由远及近的原则，从右上到左下一气呵成。这时眼睛可以看到书写的每一笔画，时刻留心汉字的间架结构。所以，字的笔顺是从上至下、从右到左。

每个汉字的末笔都是在下部或右下部，写完上一字的末笔紧接着写下一字的起笔，竖式书写比横式书写更便于笔势的连贯，只需右手腕自然向下稍稍移动，相对于书写者自己，也是由远及近的原则。所以，传统汉字是直式排列。

上一行写完，需要换行时，右臂带着右手腕从右至左运动，以肩部为轴，同样也是由远及近的原则。这需要成竹于胸，方能慎始敬终，一挥而就。

在古代，读书人的志向是“为往圣继绝学”，写字时正襟危坐，身体正对“坦白之纸”，由上而下，小心换行以移，当一行书就，而墨迹未干之时，由右而左必须将肘和衣袖抬起，非常麻烦；但若由左而右，自然是轻松愉快。中华文化之精髓在于：“为学如逆水行舟，做人要艰苦卓绝。”读书写字是“士子”之职责，士心就应该加以磨炼，期之以“志”。

最后应知道，对阅读者来说，由上而下的书籍能令人聚精会神。因为眼球左右各有一个，视线水平左右移动时只需转动瞳仁，轻松容易。行容易之事，精神容易松懈，精神一松懈，大脑就会自动放假。眼球滴溜乱转，心思早就飞到九霄云外去了。因此，古时读书人手持竖排的圣贤书卷，边读边随之摇头晃脑，琅琅书声入耳，心到、眼到、口到，如此才能记得持久。古代读书人力求“苦其心志、劳其筋骨”，方有祖逖闻鸡起舞、陶侃搬砖的故事。中华文化始能千秋以继、万世流传。

第三章 汉字的结构

一、经典巨著《说文解字》

两千年来，《说文解字》是文字学上的首创之书，也是最权威之书。如果没有《说文解字》，商代、西周的金文和汉之后的隶书、楷书，在脉络上便完全断开了，《说文解字》收录的篆文起到了承上启下的作用，并且作为古文和今文的阶梯，使文字得以传承。每一个中国人，日常生活离不开汉字，而东汉许慎首开研究汉字之事，功莫大焉。那么，这本千古一书的《说文解字》是怎么诞生的？其中又有什么故事呢？

伏生授书的故事

《伏生授经图》（明代杜堇所作）

“六王毕，四海一。蜀山兀，阿房出……楚人一炬，可怜焦土。”这是唐朝诗人杜牧《阿房宫赋》中的句子。秦朝末年，天下大乱，楚王项羽火烧阿房宫，之后楚汉相争，战乱频仍，百姓苦不堪言，文化典籍也随之消亡在战火中，造成了无法弥补的文化断层。汉朝初期，天下渐渐安定，人民的生活逐渐富足起来，风气也慢慢开明起来。汉惠帝时，朝廷开了书禁；汉文帝更是重视典籍学术的传承，大力倡导人民献书，四下搜求流失文献。有些书能找到，有些书却怎么也找不着，甚至连读过记得的人都难以见到了。

民间有人报告说济南有位伏生在民间讲学，博闻强记，能背诵《尚书》。原来，伏生本是秦代的博士，秦始皇命令烧书的时候，可敬的伏生冒着生命危险，偷偷藏下了一部《尚书》，砌进自己家的墙壁里。后来他躲避战乱，便流亡在外了。等到汉朝建立，天下太平，伏生掏出墙壁中的《尚书》一瞧，已经丢失了一半，全书原来有五十八篇，只余下二十九篇。

朝廷找到这位伏生时，他已经九十多岁了，躺在家中无法起来，于是汉文帝派晁错到伏生家中，当面授受。晁错到了济南伏生家里，发现他老态龙钟，牙齿都掉光了，还一口方言，晁错根本听不懂。无奈之下，只好由伏生口述，他人再向晁错转述，将伏生胸中所藏的《尚书》整理记录下来，补叙出所失篇章，《尚书》才得以完整流传。因为伏生传的《尚书》是用当时流行的隶书誊写转抄的，所以也称为“今文尚书”。

鲁壁出书的故事

鲁壁

伏生传《尚书》，晁错用汉朝的隶书抄写。在汉代隶书已经成为官方正体，太学里研读的正是这些用隶书抄写的经典。不久，另一个版本的经书也在民间传播，它的来历颇为传奇。

“文景之治”的历史盛景还在上演，汉景帝将他的儿子刘余迁到曲阜，封为鲁恭王。公元前 154 年，鲁恭王大兴土木，扩充自己的宫殿。在拆毁孔子故宅的一段墙壁时，发生了一件奇妙的事情。传说当时有金石丝竹之音袅袅传来，犹如天籁，一个隐藏许久的秘密就此揭开。原来，在墙壁的夹层发现了大批竹简。但令人意外的是，鲁壁藏书中的字体几乎无人能识，所以当时称这些用战国文字抄写的经书为古文经典。

据说，秦朝焚书坑儒时，孔子九代孙孔鲋秘密将《论语》《尚书》《孝经》藏入了孔子故宅的墙壁内，可是孔鲋到死也没有把它们取出。后来孔子第十一代孙孔安国将这些从墙壁中取出的经书献于汉廷。后人将这块发现经书的墙壁称为“鲁壁”，发现的《尚书》称为“古文尚书”，这就是史上有名的“鲁壁出书”。

字圣许慎

汉代用隶书抄写的儒家经典被称为今文经典，而用战国文字书写的鲁壁藏书则称为古文经典；官方太学里学的是今文经典，古文经典则在社会上广泛流传，字体的差异引发了对经典的不同解读，一场旷日持久的经典今古文之争由此展开，由是而出现了很多专门研究文字的学者。

鲁壁所出之书为秦朝之前的书写记录，在今古文经学之争中有力地支持着古文经学的研究。由于其书中文字为汉代以来所不常见之古文字，为研究解读这些以古文字记录的儒家经典，引发了中国文字学的第一波热潮。其带来的直接结果便是第一代文字学大师许慎历时二十一年著成《说文解字》。

许慎，字叔重，性情淳笃，博学经籍，经学家，有“五经无双许叔重”之誉。许慎生活在东汉中叶，历经二十一年著成《说文解字》十五卷，书成于“永元困顿之年”，即公元 100 年。此后屡加修订，直到公元 121 年许慎大病不起，那时他已经是一位年迈的老人，书成的一万多条竹简，他怎么也搬不动了。他派儿子许冲将书稿用马车拉到京都洛阳敬献给汉安帝。安帝赏赐许冲四十匹布就了事了，对许慎的巨大褒奖来自后世的千秋万代。

许慎雕像

《说文解字》是许慎一生最精心之作，前后花费了他半生的心血。由于许慎对文字学做出了不朽贡献，后人尊称他为“字圣”。因许慎所著的《说文解字》闻名于世界，所以研究《说文解字》的人，皆称许慎为“许君”，称《说文解字》为“许书”，称其学为“许学”。

《说文解字》的内容十分丰富，包罗万象，它的价值不仅限于解说汉字，研究汉字本身，可以说《说文解字》是东汉末以前的百科全书。正如许慎的儿子在《上说文解字表》里面所说：“慎博问通人，考之于逵（贾逵），作《说文解字》，六艺群身之诂皆训其意，而天地、鬼神、山川、草木、鸟兽、昆虫、杂物、奇怪、王制、礼仪、世间人事，莫不毕载。”《说文解字》吸取前辈的研究成果，成为一部研究文字的系统专著。

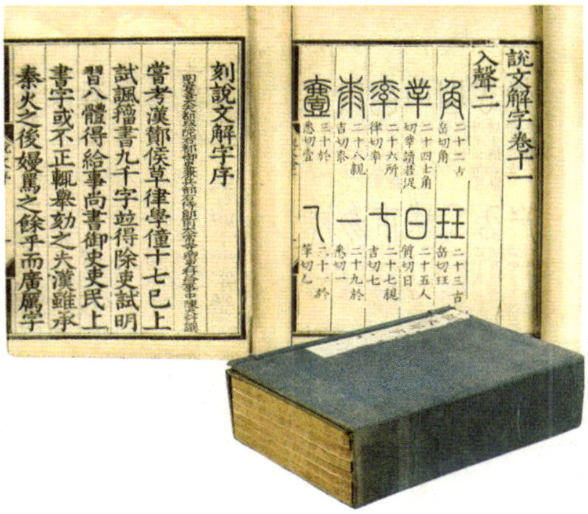

《说文解字》

两千年来，《说文解字》成为后人阅读古籍、探讨古代文化、研究古文必不可少的桥梁和钥匙。每一个中国人，日常生活离不开汉字，而许慎首开研究汉字之事，功莫大焉。

《说文解字》不仅在体例上和过去启蒙识字的字书不同，在所收字数上也比这些字书都多。如汉初把《仓颉篇》《爰历篇》《博学篇》三书合编为一书，共3300字。西汉末，扬雄的《训纂篇》共2040字，东汉贾鲂的《滂喜篇》共7380字。《说文解字》里面共收9353字，重文1163字，共10516字，比《滂喜篇》还多了1973字。不论《尔雅》对于汉字的训诂、《方言》对于汉语方言的研究，还是《释名》的音训、《切韵》《广韵》的声韵，无一不在《说文解字》的范围之内。《说文解字》在汉字学史上的重要性体现在以下几点：

（1）《说文解字》创造了字典式的体例，被称为字典的鼻祖，也是我国第一部研究汉字的著作。《说文解字》的“分别部居，不相杂厕”、以偏旁分类的编制方法，成为编字典的一种主要体例。

《说文解字》建立的540部，在字典编纂史、研究史上更有着首创之功。《说文解字》之前的字书，如《尔雅》等，把意义相关的字排在一起，几乎没有条理、无法检索；再如李斯《仓颉篇》等，把文字编成像《三字经》一样的顺口溜，严格说来只算识字课本。《说文解字》既出之后，之后晋人吕忱《字林》、梁人顾野王《玉篇》、宋人司马光等的《类篇》、明代梅膺祚的《字汇》、清代张玉书等的《康熙字典》，以及现代的《辞源》《辞海》等，虽然部首数目代有调整，但都遵从着《说文解字》首创的部首编排法。

（2）《说文解字》总结小篆线条的规律，同时保存古文、籀文和小篆的原来面貌。

（3）《说文解字》创造了“六书”的定义，并把“六书”具体化，因而保存了研究汉字发展历史和规律的资料。

（4）《说文解字》通过对小篆形体的分析，说明造字的本义，不但成为古汉语语音和词汇的宝库，而且保存了有关古代历史、文献、社会文化、经济的原始资料。

二、六书理论

“六书”的说法起源于何时，已经很难确定了。“六书”的名称最早出现于《周礼·保氏》：“养国子以道，乃教之六艺：一曰五礼，二曰六乐，三曰五射，四曰五驭，五曰六书，六曰九数。”这里只提到“六书”总名，并没有列举细目。

在《说文解字》中，许慎首次对“六书”做了全面的阐述：“《周礼》八岁入小学，保氏教国子先以六书：一曰指事。指事者，视而可识，察而见意，上下是也。二曰象形。象形者，画成其物，随体诘诎，日月是也。三曰形声。形声者，以事为名，取譬相成，江河是也。四曰会意。会意者，比类合谊，以见指撝，武信是也。五曰转注。转注者，建类一首，同意相受，考老是也。六曰假借。假借者，本无其字，依声托事，令长是也。”

这段文字说明，“六书”第一个是指事，含义是：字形、结构看起来认得，但须经过考察才能知道它所体现的字义，“上下”二字即属此例。第二个是象形，含义是：用画画的办法画出那个物体，笔画的波势曲折同自然物的态势相一致，“日月”二字即属此例。第三个是形声，含义是：按照事物的性质和称呼，挑选可相比譬的声符和义符组成文字，“江河”二字即属此例。第四个是会意，含义是：比联起事理有关的字素，构成文字；掺和字素的意义，可以得知新字的字义或旨趋，“武信”二字即属此例。第五个是转注，含义是：立一字为头、为根，创制类属字，类属字对根字的形音义有所承袭，与根字意义相通，“考老”二字即属此例。第六个是假借，含义是：没有为某事某物造字，而按照某事某物的叫法，找一个同音字代表它，“令长”二字即属此例。

《说文解字》的序中还提出了“独体为文，合体为字”的分类法：“仓颉之初作书，盖依类象形，故谓之文。其后形声相益，即谓之字。文者，象物之本；字者，言孳乳而浸多也。著于竹帛谓之书，书者，如也。”仓颉初造文字，是按照物类画出形体，所以叫作“文”。随后又造出合体的会意字、形声字，以扩充文字的数量，这些文字就叫作“字”。称它为“字”，是说“字”来自“文”的孳（zī）生，文字的数量随之越来越多。把文字写在竹简、丝帛上，叫作“书”，“书”意味着写事像其事。

许慎认为，汉字缘起于传统中国人的象征思维模式。象征思维是指以“象＝体巨易辨的一种哺乳动物；引申为代表事物的形态”“征（徵）＝微字易兀为壬，指隐于山之能者，王召纳，证明而任之”，意指以一符号代表能证明之事物、用作思维的方式。

明朝杨慎、吴元满以及清朝戴震提出“四体二用”的分类法（见下图），认为六书分为两个层次，前四书为体，后二书为用。假借是“因其声，借其义”，转注是“转其声，注其义”，两者都属于对“文、字”音声的运用。

有学者认为，六书的分类是来自《易经》的二分法则。

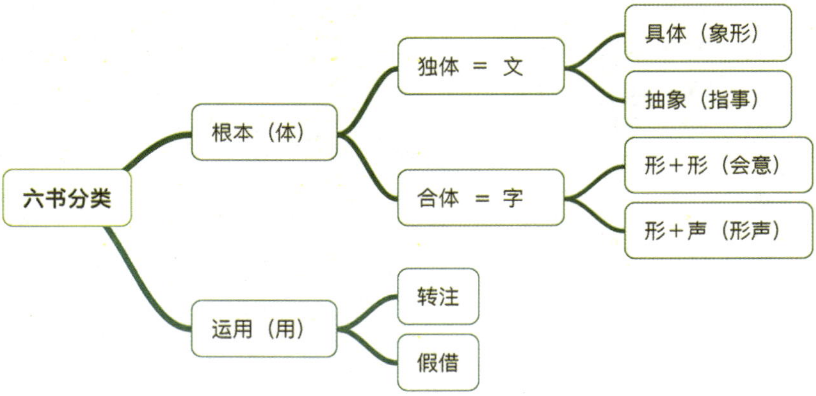

六书的分类

（一）象形

“象形”，许慎的定义是：“画成其物，随体诘诎。”意思是按照物体的外形用简单的笔画描摹出字形。有的描摹整体，有的描摹局部；有的描摹正面，有的描摹侧面。

所谓象形，就是像实物之形。象形字就是照着实物的形体曲曲折折写出来的字。那么象形字和画实物的图画有什么区别呢？我们知道，图画既不表示语言中的几个具体的概念，又没有固定的读音。就是说，它和语言里的词不发生关系，而象形字虽然以图画为基础，但和图画有质的区别。这不单是写法的简化，更主要的是它和语言里表示概念的词和语音结合起来，从而成为记录语言的形象化的符号。

象形字

象形字的数量虽然少，但象形却是汉字造字的基本原则，是汉字形成的基础。大部分的指事字是在象形字的基础上，增加指事符号形成的。会意字和形声字常常是两个或两个以上象形字的组合。

（二）指事

“指事”，许慎的定义是：“视而可识，察而见意。”指事字的结构是独体字，是在象形字的基础上增加笔画而成。比如要记录“木（树木）”这个概念，简单几笔画一棵树就可以了，这是象形。但如果要记录“末（树梢）”这个概念，就很难用简单几笔画出来，聪明的古人就用记号指出这个概念。

“木”是象形字，加“一”于下则指为“本”，加“一”于上则指为“末”，加“一”于中则指为“朱”，以其首曲而加则指为“禾”，以其条干有物而加则指为“朿”（cì）。

木 本 末 朱 禾 朿

“木”的指事字

指事字的字形，通常都含有记号，这种记号如同以手指指月，指非其月，其义仍然在整体的象征。古字形“上”作“”，“下”作“”，都由一长一短两个横道的相对位置来表达上或下的方位概念。还有的是在独体字上增加记号构成的，如“”（刃）、“”（夭）等。

“指事”跟“象形”的区别在“事”与“形”。有形的物以“象形”来描摹；无形的“事”（行为、状态）用“指事”来表达。

“夭”，字义为人歪头的动作。甲骨文作“”，小篆作“”，都像一个歪着头的人，人死头会歪向一侧，所以“夭折”表示未成年而亡。说“夭”是指事字，是因为这个字形记录的不是“歪头人”，而是歪头这个动作所表达出来的歪的状态，以及摇摆的动作，是“事”而不是“物”。因此，“桃之夭夭，灼灼其华”，形容出嫁的新娘如同曲折的桃枝随风轻摇分外妖娆，繁茂的桃花露出嫩红的脸庞。“笑”字上为“竹”，下为“夭”；风吹竹林，枝叶摇摆，如同少女喜笑颜开，前仰后合，花枝乱颤，妖娆可人。而“妖”这个字本义并非妖怪，《说文解字》解释为“妖，巧也，女子笑貌”。理解了汉字的本义，再来读“桃之夭夭”，眼前就会浮现一幅美丽的图画，令人倍感身临其境。

"大"，金文作""，像正面站立的人。说它是指事字，是因为这个字形记录的不是"正面站立的成年人"，而是这一形象所表达出来的"大"这种属性。而记录"成年人"的"夫"，金文作""，可以看出"大"和"夫"的金文写法类似，古文通用。

（三）会意

象形字、指事字是"文"（独体字），不可拆分成两个以上的字。会意字和形声字是由象形字、指事字孳乳而产生的，因此谓之"字"（复合字）。会意字通常由两个独体字（即文）组合而成，有时甚至不能颠倒次序。比如，"杲（gǎo）""杳（yǎo）"。

"会意"，许慎的定义是："比类合谊，以见指撝。"在《说文解字》中会意字的解释方式是"从某、从某"或"从某某"。会意的意思可以理解为"会合人意"。两个及以上的独体字通过"会合人意"的方法组合在一起，会心而领悟出新的含义，用这种方法造出来的字，称为会意字。会意字是通过组合而产生新的概念，比如"明"字，既不表示"日"，也不代表"月"，而是日月的共同象征，日月皆发出光，即光明；日月下一切可见可知，故此有"明白"的含义。日出东方，月落西山，日月轮替，所以有"明天"的含义。

会意字的范围很广，从数量上讲，会意字要比象形字、指事字多得多。如"止戈为武，力田为男，女帚为妇（婦），人言为信，人为（為）为伪（僞），吏于人为使"。其中"伪"字兼有形声，这种会意字也称为兼声会意。

字里乾坤：古人婚礼为何在黄昏举行？

古代社会"日出而作，日落而息"，先人们根据太阳的起落起居作息，很早就利用太阳的影子来计时，还发明了圭表和日晷（guǐ）等以观测日影的方式而计时的工具，如同现在的手表。而日晷的"晷"字，由"日、咎（jiù）"

会意而成，“咎”字分为“各、人”。“各”字中的“夊”（）像倒行的“止”（），意思是走来、来临；“咎”的本义是上天降灾于人，灾难降临；“晷”的本义是太阳“降临”到地面上的影子。

日晷

在汉字中，也能发现古人借由日影作为判断时间的依据。所谓日出为旦，“旦”下面的一横象征地平线，旦字形象地描绘出太阳自地平线蹦出的那一刹那。日上三竿，太阳透过树林照射出万丈光芒，正所谓日出东（東）方，“东（東）”字由“木、日”组成，像太阳位于树木中间。太阳升至最高点，古人用一个“杲”字代表，“杲”字由“日”和“木”会意而成，本义是明亮、高大、白。《千字文》中“日月盈仄（昃 zè）”的日仄（昃）是指太阳西斜，照在人身上，投影在侧，称为仄（昃）。黄昏来临，古人以“暮”字来表示，“暮”的古文“莫”，小篆写作“茻”，上下全是“草（艸）”，象征太阳落入草丛之中，落日余晖的景色。“昏”字从“日”从“氐”省，“氐”是低下的意思，所以“昏”也是夕阳西下、黄昏时分的含义。最后，日落西山，太阳慢慢落至树林之下，日已冥，进入黑夜，古人用“杳”字代表此景。“日杳杳而西匿”，《说文解字》中解释：杳，“冥也”。在成语“杳无音信”“杳无人烟”中，杳都表示幽暗深远、消失的含义。与“日”有关表示时间的字还有“早、朝、晨”等。

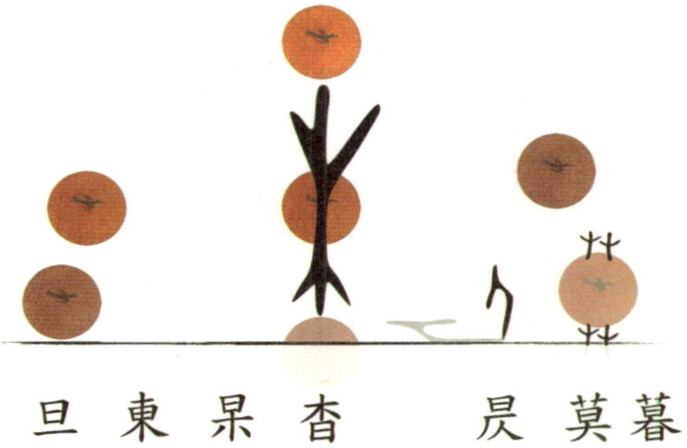

汉字与“时间”

古人对黄昏有特别的偏爱，诗词中经常出现有关黄昏的文句，如“月上柳梢头，人约黄昏后”“把酒问春春不语，黄昏却下潇潇雨”。不光如此，连人生中至关重要的婚嫁也选择在黄昏举行。

周朝人非常重视礼节仪式，周代以礼乐治国，礼制非常完备，无论饮食、起居、祭祀、丧葬、婚嫁皆有详细的礼仪。周公旦在《周礼》中说：“礼，所以经国家，定社稷，序民人，利后嗣者也。”周公制礼作乐，为孔夫子所景仰，称赞“郁郁乎文哉”的礼乐文化。《仪礼·士昏礼》是我国关于婚礼的最早记载，约定在黄昏时举行婚礼。《白虎通》解释：“婚者，谓黄昏时行礼，故曰婚。”按照《易经》的观点，世间万物分为阴阳两极，日为阳、月属阴；昼为阳、夜属阴；男为阳，女属阴。黄昏时昼夜交替，而且是“阳往而阴来”，与迎娶新娘的含义一致，所以选择在阴阳相合的黄昏举行婚礼。

相传上古男女无别，从伏羲氏制嫁娶之礼才开始有婚姻关系。男主外，致力于田，所以“力田”为“男”；女主内，洒扫是女子日常工作，故此“女帚”为“妇（婦）”。古代的男性，童子披发，二十岁成人时举行冠礼，以簪束发，加冠后可以娶妻。“夫（）”字是在“大”字上面加一横，这一横像发簪，也像帽子。“周制以八寸为尺，十尺为丈。人长八尺，故曰丈夫。”

女子年满十五岁，许嫁之后出嫁之前，举行笄（jī）礼。笄，即簪子。笄礼时，将发辫盘至头顶，用缨绳束着头发，再用簪子插住，以示成年及身有所属。直到成婚之时，才由新郎亲自从她头发上解下来，这就是“结发夫妻”的说法之一。从汉字中可以找到其中的根源，“女”字的篆书写作“”，“妻”字写作“”，下方是“女”，上方的“中”像发簪，中间的“”表示手，丈夫用手拿掉妻子头上的发簪，解开秀发，这是“妻”的一种解释。还有一种解释是男子用手取女，就像“娶”字一样。“娶”，从“女”从“取”，取妇，本义是男子娶妻。那么，“取”字为何写作“耳”和“又”呢？“又”（）为“手”，古人战争时，割下敌人的耳朵以记录剿灭敌人的人数，“取”就如同结盟时主盟者“持牛耳”，本义是捕取、取获。

（四）形声

“形声”，许慎的定义是：“以事为名，取譬相成。”意思是依事物的类别，拿一个字作为形旁（形符），用读音相同或相近的字比拟字音（声符），组合而成形声字。《说文解字》关于形声字的解释方式一般是“从某，某声”，“从某”表示“某”是形符，表示形声字本义所属的意义范畴，一般也用形符作部首；“某声”说明“某”是声符，表示形声字的读音。

由于形声字给读者提供的信息量大，可供选择的构字部件多，组合起来比较方便，所以成为汉字主要的造字方法。在《说文解字》9353 个汉字中，形声字有 7679 个，现代汉语中的形声字则占 90% 以上。

形声字中，形符或声符出现的位置是不固定的，可以分为以下几种：

（1）左形右声：江、河、枪、炮。

（2）右形左声：鹅、切、锦、教。

（3）上形下声：笠、英、箭、岑。

（4）下形上声：恭、忠、盟、警。

（5）外形内声：园、闺、里、匣。

（6）内形外声：问、衎、闻、辩。

（7）偏于一隅：萍、寤、旗、疆。

字里乾坤：元素周期表里的明朝王室

现代化学里的元素周期表是 1869 年俄国化学家门捷列夫首创的。一开始是将 63 种元素依照相对原子质量大小以表的形式排列，后来新增到 118 种元素，这么多新的元素如何用汉字命名？新元素如钴、钯、钠、镉、烷、炔、烃、氯、氢、氮、氨等，这些字又是谁造出来的呢？中国人又是如何快速消化吸收现代科学的呢？

中国人开始普遍认识现代化学是在 19 世纪后期，比西方晚了一两百年。实际上，当清朝徐寿翻译《化学鉴原》时，化学已经是一门比较完整的学科。如何将新的西方科学引入到我们原有的汉文化中，是新造字还是直接采用拉丁文或英文，对当时的化学学术界来说是一个艰难的抉择。如果真是用拉丁文字或英文的话，我们现在看到的氧气就需要用 oxygen 来书写，用汉字大概要书写成“奥克西津”，那么念完 118 个元素的周期表大概需要现在四倍长的时间。

元素周期表中的汉字，许多是徐寿确定下来的，但“确定”不等于全部重新造字，他一开始选用的大部分的字，其实是来自于中国古代原来有的一些金字旁、火字旁的生僻字，徐寿不过是“废物利用”而已。

然而，元素众多，已有的字很快就不够用了，徐寿很聪明，他根据物理性质翻译了“氢、氧、氮、氯”（原文作“轻、养、淡、绿”），又根据形声法则，对于众多的金属元素，以金字旁加上音译之后的声符汉字组合，于是“钙、镁、钍、铋”等一大波新字出现了。

近代化学家们在翻译化学著作时，同样巧妙地将两个字的部分凑起来造出新字，读音也是两字相切而来。如“烃（碳氢）、羰（碳氧）、巯（氢硫）、羟（氢氧）”等。“烷、烯、炔”则为形声兼会意字，声旁分别取自“完”“稀”“缺”，以表示其不同的饱和度。

随着19世纪末与20世纪初的科学大发展，以徐寿为启蒙者的中国化学家们的眼界越来越宽，造字也就变得更加完善。首先造字的规范性得到提升，最突出的贡献是元素周期表。如果仅仅用汉字排成周期表的序列，我们同样可以解读出很多信息：因为是形声字，所以不认识的字一概读半边，解决了读音问题；“气、石、水、金”四个偏旁说明了金属与非金属，以及常温下物理状态的问题；由《化学鉴原》脱胎出来的“氢、氧、氮、氯、溴”等还体现了其密度、生物、颜色或气味方面的性质，这让中国人学习化学元素比西方人还容易。

有心人还会发现，很多元素名称和明朝王室的姓名雷同，比如：永和王朱慎镭、封丘王朱同铬、鲁阳王朱同铌、临安王朱勤烷、唐山王朱诠铍、庆王朱帅锌、伊简王朱颙炔、唐靖王朱琼烃等一大批藩王。为什么会这样呢？这些明朝王室子弟为何有如此奇怪的名字？

原来，明朝开国皇帝明太祖朱元璋有二十四房子孙，他考虑到随着子孙繁衍，可能名字会重复，于是亲自为子孙们制定了取名字的方法。他为二十四个儿子的后代世系，各拟订了二十个字，每个字为一世。凡子孙初生，由宗人府依据世次顺序取双名，双名中的前一个字即太祖所取，后一个字必须是一个以五行做偏旁的字，五行则以“火、土、金、水、木”为顺序，如朱元璋孙子辈的建文帝朱允炆，他是“允”字辈，“火”行。

这些“五行字”看起来好像是朱元璋和宗人府为子孙后代造的字，其实绝大多数在《说文解字》《玉篇》《广韵》《集韵》里面都能查到。比如：

朱公锡的“锡”字：《说文解字》解释为“银铅之间也”。

朱均铁的“铁”字：《说文解字》解释为“黑金也”。

朱恩钠的“钠”字：《玉篇》解释为“打铁”。

朱恩铜的“铜”字：《说文解字》解释为“赤金也”。

朱恩钾的“钾”字：《广韵》解释为“铠甲也”。

朱帅锌的“锌”字：《集韵》解释为“刚也”。

朱诠铍的“铍”字：《说文解字》解释为“大针也”。《黄帝内经·灵枢》中已经出现了“铍针”。

朱安汞的“汞”字：《集韵》解释为“丹砂所化，为水银也”。

朱勤烷的“烷”字：《集韵》解释为“火也”。

朱颙炔的“炔”字：《集韵》解释为“烟貌”。

朱琼烃的“烃”字：《广韵》解释为“焦臭”。

徐寿大量地用这些生僻汉字对译西方的元素名，后来它们的本义逐渐被人们淡忘了，而大家常用的《新华字典》《现代汉语词典》也不会收录这些字的古义、本义，但是在阅读古书的时候，当然不能依照元素的意思，仍然需要依照古义。

（五）假借

“假借”，许慎的定义是：“本无其字，依声托事。”意思是指语言中有音无字的词，借用同音字的字形来记录。如“往来”中的“来”，语言中有音，汉字中无相应的字，就借本义为小麦的“来”来记录；“请求”的“求”，是借本义为皮衣的“求”（后又加形旁“衣”作“裘”）来记录；“黄豆”的“豆”，是借本义为盛肉（或其他食品）器皿的“豆”来记录；“西”，本义为栖，日在西方而鸟栖，借为“东西”的“西”；“新”，本义为取木，借为“新旧”的“新”。

一般来说，用假借的方式表示的词义往往是抽象的，不便于用象形、指事、会意的方法造字，绝大多数虚词都是用假借的方式造字的。比如：

而，本义是胡须，借以表示“而且”的“而”。

其，本义是簸箕，借以表示“其余”的“其”。

之，本义是脚趾，借以表示“之乎者也”的“之”。

焉，本义是一种鸟，借以表示“焉哉乎也”的“焉”。

然，本义是燃烧，借以表示“然而”的“然”。

或，本义是邦国，借以表示“或者”的“或”。

耳，本义是耳朵，借以表示语气词“耳”。

也，本义是蛇，借以表示语气词“也”。

女，本义是女人，借以表示第二人称，后造新字“汝”。

（六）转注

“转注”，许慎的定义是：“建类一首，同意相受。”意思是归于同一部类的字，它们的字义可以互为训释。历来各家对转注的解说不一，主要有两种：

（1）形转说，认为“建类一首”指用同类部首作意符；“同意相受”指同类意符的字义连类相承，如“考”“老”同属“老”部而又可以互训（“考，老也。”“老，考也。”）。

（2）音转说，认为“一首”指词源上同韵或同声的字，如“考”“老”同属一韵，“颠”“顶”同属一声，即意义相同而声韵也相同或相近的字。

（七）六书造字

汉字的发展经历了甲骨文、陶文、金文、篆书、隶书的演变，随着社会的发展和事物的增多，以及人们对文字表述的娴熟应用，在初期的古文字阶段主流的演进方向是文字繁化。文字繁化分为两个部分：一是象形、指事时期的通假字，二是采用形声、会意法造新字。

象形、指事时代的字数偏少，以象形和指事的独体字的比例较多，大量事物以通假字来表示，文字表述方面存在较大歧义。例如先秦的“文”，兼有后世的新字“纹”的功能，不单指“文字”的“文”，也包含野兽身上的花“文”、布匹上的织“文”、手指的指“文”等多种含义。除了独体字“凹”“凸”等特例直到唐朝才新造，大部分的象形和指事字很早就已经定型，成为下个时代形声和会意组字法的基础。

为了能更精准地表述，从小篆时代开始一直到现代，因文明发展而不断增加的新事物、新概念日益繁多，新字自然随着字义的引申而不断产生。有些字在有了常用的假借义或专用的引申义后，会另造一个新字来承担它的本义，大量的分化字是这样产生的。而且，由于汉字形声化的趋势日渐明显，这些分化字又大部分是由源字加一个形声偏旁组成的。

比如：

孰—熟：“孰”本义是把食物煮烂，假借作虚词，义为“谁”，它的本义另造“熟”字来分担。

然—燃：“然”的本义是“燃烧”，借作虚词后，本义另造“燃”字来分担。

莫—暮：“莫”的本义是“晚上”，借作否定词后，本义另造“暮”字来分担。

坐—座：“座位”义本是“坐立”义的引申，都写为“坐”，后来才分化出“座”字承担“座位”义。

要—腰：“要”的本义是“腰”，引申为“要害”，“要害”成为“要”的常用义后，另造“腰”来承担它的本义。

止—趾：“止”本义是“脚趾”，后来引申义“停止”成为“止”的常用义，于是另造“趾”来承担本义。

正—政：“正”有“正直”义，引申而有“教化”“治理”的意思，后来造“政”字来表示。

再如，最早水上的交通工具只有“舟”一种；但演化到现在，细分成“舨、艇、船、舰”等不同大小规模与形制的“舟”。最早所有的金属统称为“金”，但随着冶金技术的发展，对于金属的分类更加丰富，“金”被细化成“银”“铜”“铁”“锡”“铅”等。

字里乾坤：武则天造字的故事

武则天是我国历史上唯一一位名副其实的女皇帝。武则天称帝，一共造了二十个字，除了“曌（zhào）”字避讳不用外，其余的都可以在大周墓志中看到。

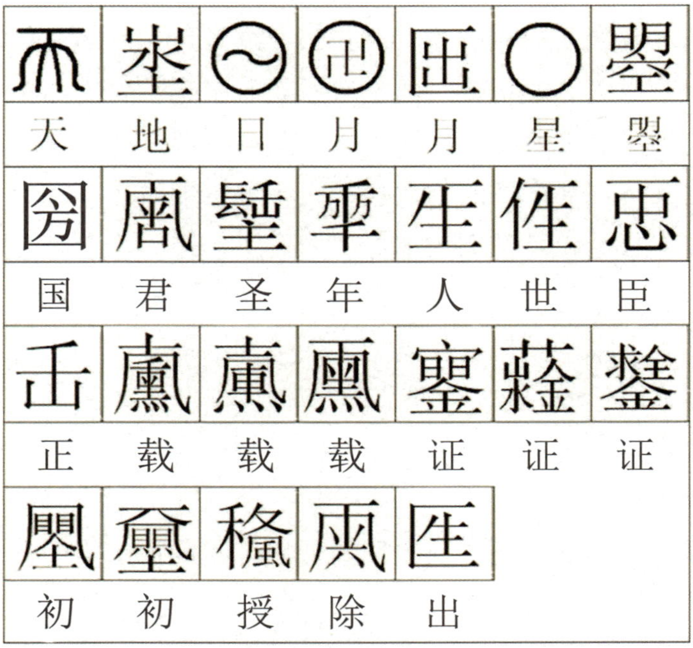

武则天造的字

武则天造字个别选用古字，大多数为会意字。她还打破了汉字的方块结构，创造了几个圆体结构字。“人”字，武则天改为“一下面生字”，表示人就是一生。“一忠”上下结构为“臣”字，忠心耿耿的一个人即为臣，真是恰如其分。还有“山、水、土”三个字上下结构为“地”字。把“卍（wàn）”字放在一个“○”里边为“月”字，而一个“○”就是“星”字，把“千千万万”四个字组合一起为“年”字。

武则天造字时，宗秦客为讨皇帝欢心，呈献的新字中有一个“国”字。他解释说“国（國）”字里面的“或”和“惑”一样，都有迷乱的意思，国家要安定，唯有靠“武”来镇压，所以，“国”中的“或”应该改成“武”。有人马上反对，把“武”关在“口”中，这是对武则天的大不敬。武则天想来想去，最后决定把“国”中的“或”改成上下排列的“八方”——“圀”，她想，“国”字改为“圀”，四面八方都是武家的天下了。

“曌”字现在各个词典都有收录，是武则天造的字里流传最广的一个。武则天给自己造字“曌”，代表日月当空、阴阳统一的意思。传说武则天还为此写了一首诗：“日月当空曌，则天长安笑。一朝作皇帝，世间我最傲。”

武则天为什么要造字？这恐怕与皇帝有无上的权力有关，武则天颁布新字，一则显示自己的权威，以表彰自己的才学，再则人最多能活百年，而文字可以流传千年，她造字就是为了自己后世的虚名。

然而，文字约定俗成，即便贵为皇帝，只要所造的字不合常理，人们就不会使用、接受，更不可能流传后世了。

三、偏旁部首

偏旁部首是汉字“常识分类”的代表。中国古代为农业社会，人们观天察地，将身边的事物记录下来，形成文字。因此，文字与日常生活息息相关，久而久之，聚总成类，形成偏旁部首。后学者欲了解汉字，最理想的下手处，就是常用的偏旁部首。

偏旁是指组合字（或合体字）的一侧的部分，用传统的汉字字形分析法，习惯把左方称为“偏”，把右方称为“旁”。后来则把字形结构中上下左右的构件统称为偏旁，如“伟”左边的“亻”和右边的“韦”，“踅”上边的“折”和下边的“足”，“闻”外边的“门”和里边的“耳”，“遑”左下的“辶”和右上的“皇”等。其中，表示字义所属的类别和范围的叫“形旁”“义旁”“意符”，如“亻”“足”“耳”“辶”等；标志字音的叫“声旁”“音旁”“音符”，如“韦”“折”“门”“皇”等。

偏旁是从造字构形的角度定义的，与偏旁类似的部首则是从功能的角度进行定义。部首是文字学中的术语，是许慎在编写《说文解字》时首创的，他根据汉字的形状和语义关系排列汉字，把含有相同表意成分的字排列在一起，这种做法叫“分别部居”，每部第一个字就是“部首”。后世的字典仿照《说文解字》的部首分类方法，并以此作为查检汉字的依据。如从“江”“河”“湖”“流”“海”等字中归纳出相同的构形“氵”（三点水），列为“水”部；从“货”“贤”“账”“贫”“贷”等字中归纳出相同的构形“贝”，列为“贝”部。

常用偏旁部首

偏旁	偏旁叫法	例字
钅	金字旁	钢、钦、铃
木	木字旁	朴、杜、栋
冫	两点水	次、冷、准
氵	三点水	江、汪、活
灬	四点水	热、照、煮
扌	提手旁	扛、担、摘
宀	宝盖头	宇、定、宾
冖	秃宝盖	写、军、冠
刂	立刀旁	列、别、剑
亻	单人旁	仁、位、你
彳	双人旁	行、征、徒
阝	左耳刀	防、阻、院
阝	右耳刀	邦、那、郊
辶	走之底	过、还、送
艹	草字头	艾、花、英
⺮	竹字头	笑、笔、笛
月	月字旁	肌、胸、脾
礻	示字旁	礼、社、祖
衤	衣字旁	初、袖、被
王	王字旁	玩、珍、班

《说文解字》分为540部，《康熙字典》缩减到214部，《新华字典》是189部。许慎所列部首按“六书”条列，以此作为意符来统属汉字的意义范畴，属文字学原则的部首。后世经常采用的另一种检字原则是按字形结构，取其相同部位，作为查字的依据。如“甥”“舅”二字，《说文解字》根据“六书”条列，都归“男”部；《康熙字典》则根据检字原则，把“甥”归入“生”部，把“舅”归入“臼”部。

字里乾坤：似是而非的偏旁

在汉字的教学和传播过程中，经常用俗语称呼偏旁。由于教师的学术层次参差不齐，对偏旁的称呼经常发生偏差，有些错误一直延续至今。

比如，“氵”称为“三点水”，代表水；“冫”俗称“两点水”，小篆写作“仌”，像冰凌，按照字义应该叫“两点冰”；“灬”俗称“四点水”，但跟水没有任何关系，反而是指火，按照字义应该叫“四点火”，从“然”字的字形演变可以看出。明武宗朱厚照按照五行取名的“照”字，其偏旁就是“四点火”。当然，“燕”和繁体的“魚”“馬”“鳥”中的“灬”并不是火，而是分别由象形文字的燕尾、鱼尾、马足、鸟足演变而来。

小篆　　隶书　　楷书

“然”的演变

“阝”这个偏旁，如果是在左边，俗称“左耳刀”；如果是在右边，称为“右耳刀”。大概是看起来像耳朵的形状，所以叫“耳”。为什么称“刀”呢？也许是因为像另外一个偏旁——立刀旁（刂）吧。其实，“阝”和耳朵没有关系，和刀也没有关系。当“阝”在左边的时候，它是“阜”字变来的；当“阝”在右边的时候，则是“邑”变来的。通过小篆可以清楚地将两者区分开。

“阜”，小篆写作“𨸏”，像山坡之形。凡是带“阜”的字，都和山坡有关，比如“阴、阳、陵、阶、陆、阻、队（‘坠’的初文）、隙、陷、险、隐、隔、隘、隧、障、陡、陟、降”等。

“邑”，小篆写作“邑”，由“口”（表示城墙）和“卩”（像跪坐的人形）构成，指人们的聚居地。凡是带“邑”的字，都和城镇、都邑有关系，比如“都、郭、邦、郡、鄂、邯、郸、郑、祁、邢”等。邑部中很多是地名，多是周朝分封的诸侯国。

小篆“阝”

其他似是而非的偏旁还有：

双人旁“彳”，和“人”一点关系都没有，而是行走、道路的意思，按照字义应该叫“彳（chì）字旁”或者“半行旁”。如“行、往、径、循”等。

反文旁“攵”，和“文”一点关系都没有，“攴”下为“又”，像手持棍状物作敲打状，应该叫“攴（pū）字旁”。如从“教”字可以看出，教学时，严厉的教师应当手持戒尺或教鞭，督促学生认真学习。

走之底“辶”，和“走之”没有关系，而是“辵字底”。“辵”字，上为“彳”，下为“止”，“彳”为行走、道路，“止”为脚，所以“辵”的本义是行至远方，如“道、遥、追、返、迷”等。真正的走字底“走”，本义是奔跑，如“赶（趕）、赴、超、越”等。“迢”与“超”的区别在于：“千里迢迢”的“迢”字，表示距离远；“超越”的“超”则是快步赶上的意思。

月字旁“月”，只有少数与“月”有关，大部分表示“肉”，按照字义应该称“肉月旁”。真正的月字旁的字并不多，比如“朦、胧、朣、朓、朝、明、朗、期、朔、望、霸”等。

“宝盖头”和“秃宝盖”的名称也不便于理解。“宝盖头”由房室之形变来，因此凡是从“宝盖头”的字，皆属建筑物或与建筑物有关的字，如“家、宅、宇”等。“秃宝盖”，由蒙头布巾的形象演变而来，本义为覆盖。所以从“秃宝盖”的字，皆与帽子、覆盖有关。如“冕、冒”上部所从的部件是古“帽”字，即从“秃宝盖”得义。因此，“冠”字，秃宝盖是帽子，“寸”是手，“元”代表头，本义是手拿帽子往头上戴；“寇”字，“攴”是手持棍敲打，本义是手持武器入“室”要取项上人头。

四、汉字构型

汉字的构型是指独体字形以构型规律组合在一起。组合时有一定的规律，原则上，每一个独立汉字一定是一个独立、可相互组合的“概念”。此概念除“独体字”外，即称“组合字”，组合字具有“部首”及“字身”（或字根）。组合时，根据“视觉效应”，字形对视觉形成一种“观感”，这种观感能唤起记忆中所有相关的“印象”，以得到认知。

汉字的结构有位置、形态、层次等关系，皆是将图形交互组合，借以代表世间繁复的万象。位置有上下、内外、左右等关系，各有含义。形态原取自象形，但因并非人人能画，便有了历代“截弯取直”的“字体转变”。层次则分为“部首”和“字身”两类。而部首、字身中，又可能含有部首字身，可以层层发展。

（一）同字组合

同字组合时，字形重复使用，会因位置的不同，让人产生不同的感受，代表不同的含义。

1. 平行排列，表示数量众多

木＋木＝林：木多成群者。

月＋月＝朋：肉多成排者。

石＋石＝砳：石多成声者。

人＋人＝从：人多成从者。

糸＋糸＝丝：糸多成丝者。

2. 相反排列，表示相反

北：相背之形，反向，古人以向南为正，向北为反。

非：相背之形，鸟翼形。

兆：烧龟甲之形，有变化者。

3. 上下堆砌，表示盛大、成熟

日＋日＝昌：大盛。

火＋火＝炎：热盛。

戈＋戈＝戋（戔）：小兵器盛，象征物小众多状。

4. 金字塔排列，表示人处于其中的感受、情形

木＋木＋木＝森：多树之感受，指荫凉感。

日＋日＋日＝晶：多光之感受，指光亮感。

水＋水＋水＝淼（miǎo）：多水之感受，指水势感。

火＋火＋火＝焱（yàn）：多火之感受，指火势感。

土＋土＋土＝垚（yáo）：多土之感受，指土势感。尧（堯），山高的意思。

石＋石＋石＝磊：多石之感受，指石质感。

车＋车＋车＝轰（轟）：多车之感受，指声音感。

金＋金＋金＝鑫：多金之感受，指兴盛感。

人＋人＋人＝众：多人之感受，指众多感。

牛＋牛＋牛＝犇（bēn）：多牛之感受，指奔牛感。

羊＋羊＋羊＝羴（shān）：多羊之感受，指膻气感。“膻”的异体字。

犬＋犬＋犬＝猋（biāo）：多犬之感受，指犬吠感，狗群奔跑，引申为迅速、飙升的意思。

毛＋毛＋毛＝毳（cuì）：多毛之感受，指毛细感。鸟兽所生细密之毛。

手＋手＋手＝掱（pá）：多手之感受，指扒手。

（二）部首在上

1. 部首本应在上：指事物由上而下，正常状态

日＋比＝昆：日下比列而排，众多，咸同。

山＋朋＝崩：山下朋分而倒者。

宀＋至＝室：至人造之居以住者。

雨＋包＝雹：雨下之包形物，冰雹。

尚＋土＝堂：重要之土地，屋内正室。

2. 向上生长：指生态或有动力使向上的情况

艸＋牙＝芽：草木芽形之苗，事物之初。

竹＋本＝笨：竹根相缠，引申为人之难分辨者。

日＋目＝冒：帽蔽目，无惧，以下冲上。

3. 包含状况：有全包、半包、侧包等，代表限制

囗＋或＝国（國）：限于土地，有人民、主权、需持戈守域者。

门＋活＝阔：门中连续变化不受拘束，象征宽大，引申到空间、气度及

钱财。

厂＋万＝厉：岩下之群蜂，危也，严也；作也；猛烈也；丑恶也。

广＋则＝厕：规定之房间，大小便的地方。

勹＋口＝句：包在口中者，语文之一段，段落也。

（三）部首在下

1. 现实本况：部首理应在下

执＋土＝垫：持土而衬，土在下面。

般＋石＝磐：留而不去、难移之大石。

氏＋日＝昏：低下事物之下有日，日落不明状。

几＋木＝朵：花苞在木之上者。

分＋山＝岔：山分有歧，三分路。

成＋皿＝盛：成于皿，东西可装，象征兴旺。

敝＋足＝蹩：足之敝者，跛也。

2. 表示正在发生者，如“心”的当前状况

刍＋心＝急：事及于心，迫切也，快速也。

今＋心＝念：此刻之心，想也；又读书出声也。

相＋心＝想：形相在心上，相互激荡。

田＋心＝思：耕耘于心，用大脑想，计虑，悲念。

刃＋心＝忍：刀刃在心上，容也，耐也。

士＋心＝志：士人之心，有气节；又心之所往也。

亡＋心＝忘：已亡，失去。

中＋心＝忠：心居中不变，正也。

分＋心＝忿：心分，不宁状。

勿＋心＝忽：心匆遽，疾速也；未注意已过去。

夗＋心＝怨：深夜之心，思念也；又空虚惶惑不满状。

奴＋心＝怒：奴在心上，指充满想要发作的激愤情绪，气势汹涌。

咸＋心＝感：人同此心，接受到刺激的影响力。

因＋心＝恩：因及于心，有利之举也。

3. 表示承载状况：代表动态

风＋占＝飐：物体固定一处，被风吹动。

辵＋召＝迢：唤之在乍行乍止之间，远也。

走＋召＝超：因距离高远，走而召，行走高过也。

（四）部首在左

部首在左侧，属于常态分类，左为类、右为别。绝大多数会意字和形声字都属于此。书写时，先写左侧，故此“左侧为体，右侧为用”，这种方式最为流行。

1. 不同类组合：左侧为体，属于静态；右侧为用，描述行为或状态

心＋亡＝忙：心之忘失，事情繁多没有空闲。

心＋青＝情：心的本性，人的欲望、感受。

人＋青＝倩：人的青春，美好也。

2. 同类组合：同为体或同为用

日＋月＝明：日月皆有光，可见可知，引申为下一个可知者。

山＋谷＝峪：山谷。

山＋石＝岩：山上的石头。

女＋子＝好：有子有女，完美也，正面有价值的感受、认知，喜欢。

（五）部首在右

这类部首数量不多，如“力、刀、反、斤、鸟、欠、殳、邑”等。

且＋力＝助：且出力，辅佐，帮忙。

匕＋刀＝切：以刀贴近而割；迫急也，恰好也；又深刻也。

车＋斤＝斩：车被截，砍断。

谷＋欠＝欲：谷中低下，有所不足，愿望也。

区＋殳＝殴：以武器击打身躯。

第四章 近现代汉字的发展

一、汉字文化圈的传播

文化者，文字化育也。文明者，文化昌明也。文字是文明发展成熟的标志，只有悠久稳固的文明才会发展出文字体系。而历史上出现的很多民族、宗族、国家，由于文化不昌，或者没有文字，或者需要借用其他文字，或者从其他源文字改编出自己的文字。

汉字体系是世界上最主要的源文字之一，在汉字的影响下，还产生过女书、契丹文、女真文、西夏文、古壮字、古白字、古布依字等，但它们都已消亡，汉语中的女书，如今也无几人能识。此外如蒙古文、满文、锡伯文等也是在汉字书写方式和书写工具的影响下，将从右向左书写的源自阿拉米语的书写方式改为从上到下书写，文字的结构也随之有所变化。

“文化圈”是德国民族学家格雷布纳提出的，核心是文化传播论。在历史长河中，各种文化有的被淘汰，有的衰落，有的崛起，于是，获得优先发展并处于强势的文化便向四周辐射，影响其他文化，形成一个具有某些共同因素的文化圈。

汉字文化圈指曾用汉字书写历史并在文字上受汉字影响的国家，主要包括中国、越南、朝鲜、韩国、日本、蒙古。越南语、朝鲜语、韩国语和日本语的书写字有六成源于汉字。蒙古在清朝被清政府严禁使用汉字而脱离汉字文化圈。

日本很多大学在校徽中仍使用汉字

在古代的东亚世界，汉字是东亚的通用文字，古代的越南、朝鲜半岛、日本列岛等地区都曾经把汉字作为官方文字，甚至还把汉语的文言文作为书面语使用。可以说，在当时，汉语的文言文是东亚地区的通用语，文言文在古代东亚地区的地位，就如同中世纪的拉丁文一样。会书写汉字，能够使用文言文写作，在东亚被视为贵族的象征。

历史上，汉字对朝鲜、越南、日本等国家文字发展的影响也是巨大的。日语的假名、朝鲜语的谚文、越南的字喃，在创制时很大程度上也都受到汉字字形的影响。

字里乾坤：华夏和四海的含义

所谓华夏，“华（華）”，古同“花”，指的是文明的繁荣。“夏”的金文写作“”，下面是两足，中间是两手，上面的“页（頁）”是头颈，是一个象形的人，象征自强不息的人。我们常自称为华夏子孙，正是因为我们认为中华民族的文明是人类文明之花。

而周边的民族，则被称为东夷、南蛮、西戎、北狄。“夷”字，从“大”从“弓”，背个大弓箭，到处射小动物狩猎为生，是文明比较落后的狩猎民族。“蛮（蠻）”字，上为“䜌”，本义是杂乱、连接；下为“虫”，“蛮”字的本义是虫蛇遍地，南蛮民族以采集为生。“戎”，从“甲”从“戈”，说明西戎以战争掠夺为生。“狄”，“犬字旁”加上“火”，象征刚学会用火没多久，“犬字旁”说明还保持着原始兽性，该字表现出他们非常野蛮。

《尔雅·释地》中说：“九夷、八狄、七戎、六蛮，谓之四海。”四海并不是指四个大海，而是指这四种类型的野蛮民族。“四海之内皆兄弟”“海内若比邻”，也不是说在大海包围着的陆地之内，而是指在被野蛮人包围着的、文明的古代中国的疆土之内。海外，野蛮人统治的地区，古代人视之为外国；海内，指古代中国，在这些野蛮地区的中央，作为唯一的文明灯塔，傲然而独立。

二、近代汉字的危机

进入近代社会以后，汉字一度被视为腐朽、落后的象征，中国、越南、朝鲜、日本等国均出现过废除汉字运动，认为汉字难学、难认、难教，阻碍了本国科学文化的发展。

究其原因，还要归结到鸦片战争之后，西方列强的坚船利炮击碎了我们的国门，也使得国人在文化自信心上产生了动摇。正是这种心态，使得传统文化被推上被告席，而汉字作为传统文化的主要载体首先受到了冲击。一些知识分子，尤其是一些曾留学海外的学者开始寻找中国落后的根源。他们粗浅地认为，相对于汉字，西方文字易于学习掌握，而汉字难读、难写、难记，是中国迈向现代文明的障碍。到了1919年“五四”运动前后，伴随着新文化运动浪潮的高涨，谭嗣同、梁启超、瞿秋白、鲁迅、胡适等激进派表示要求废除汉字，应该走世界化的拼音文字道路，认为汉字是拖累中国现代化发展的绊脚石。

自五四运动以来，专家学者们拟效法拼音语系，全面改革中文。他们仿照西方的词汇、词组，编撰出版《辞源》《辞海》，将字义改为词组。汉字的特色建立在“单字”上，字必有义，然而新出版的《辞源》《辞海》强调“词组”而忽视“字义”，以致现在市面上有大量“词典”而真正的“字典”很少。

“五四”时期的胡适等，大力提倡白话文，排斥文言文，认为白话文更准确，仿照西方国家语法发展所谓的汉语语法。其实不然，文言文是思维的精华，读成习惯后，随着年龄的增长，人的思考、表述能力将得到大幅提高。

在“废除汉字”的强烈呼声下，专家学者们开始设计并实施改革措施。比如，民国时期政府推行的“注音字母”、拉丁化汉语拼音方案等，这些方案都是希望寻找一种方式用西方拼音字来取代汉字。这些改革措施幸而没有真正取代原有汉字，而仅是起到了帮助汉字注音的作用，为20世纪中叶的汉字改革奠定了基础。

字里乾坤：汉字的总数有多少？

汉字是人们约定俗成的，有些字生命力强，延续千年，历久不衰。还有更多的不常用汉字，逐渐被人们遗忘，退出历史舞台，总体的数量并没有准确数字。我们日常所使用的汉字为几千字，据统计，1000个常用字能覆盖约92%的书面资料，2000字可覆盖98%以上，3000个字时可达到99%，所以常用的汉字在3500个左右，简体与繁体的统计结果相差不大。

历史上出现过的汉字总数有8万多个，其中多数为异体字和罕用字。绝大多数异体字和罕用字已自然消亡或被规范掉，除古文之外一般只在人名、地名中偶尔出现。此外，继第一批简化字后，还有一批“二简字”，已被废除，但仍有少数字在社会上流行使用。

后世有记载的首次汉字数量统计是《说文解字》，共收录9353字。再往后，南朝时顾野王所撰的《玉篇》收录 16917 字，在此基础上修订的《大广益会玉篇》据说有 22726 字。此后收字较多的是宋朝官修的《类篇》，收字 31319 个；另一部宋朝官修的《集韵》中收字 53525 个（含重文），是当时收字最多的一部书。

清朝的《康熙字典》收字 47035 个；日本的《大汉和字典》收字 48902 个，另有附录 1062 个；台湾地区的《中华大字典》收字 48000 多个，《异体字字典》收字 106230 个。

1994 年中华书局、中国友谊出版社出版的《中华字海》，是除了台湾地区《异体字字典》之外，迄今为止收录汉字最多的字典，共收字 85568 个。《中华字海》主要由两部分构成：一部分收自现存汉语辞书，如《说文解字》《玉篇》《广韵》《集韵》《康熙字典》《中华大字典》等书中的全部汉字；另一部分是历代工具书失收而应该收录的字，其中有佛经难字、道藏难字、敦煌俗字、宋元明清俗字、方言字、科技新造字，以及当今还在使用的人名和地名用字。此外，流行于我国台湾、香港、澳门地区的俗字，方言字，以及在日本、韩国、新加坡等国通行的汉字，书中也予以收录。

在汉字计算机编码标准中，GB2312 简体标准字库收录简体汉字 6763 个，通行于台湾、香港地区的编码方案 Big5 收录繁体汉字 13053 个，而后来 Unicode 的中日朝统一汉字基本字集则收录汉字 20902 个，另有两个扩展区，总数高达 7 万字。

三、简化字

中华人民共和国成立后不久，国务院成立了汉字简化方案审定委员会，负责汉字简化方案的审定工作。由此开始，汉字简化改革在中国全面开展。1956 年发布《汉字简化方案》，实行了一段时间后，出现了一些无所适从的现象，许多简化字的偏旁没有被规范化。1977 年发布了《第二次汉字简化方案草案》，但这次简化的方案过于精简，导致了使用上的困难，引起了各方面的批评。1986 年，国家语言文字工作委员会重新发布了《简化字总表》，并对个别字做了调整。至此，从清末就开始的这场近一个世纪的“废除和改革汉字”的运动暂时停息下来。最终，汉字在改革者彻底拼音化未果的情况下，以简化的形式保留了下来。

简化字运动，用冷静的眼光来看，并不是一种汉字的优化进步过程。观察汉字数千年的发展过程可以发现，在上古时期文字很少，很多字要身兼数职，用一个字表达多个意思，这给阅读和理解带来了困难。于是，古人在此基础再造新字，求一字一声一意，字字专职。随着时间推移，字数由少变多；字形由单纯变得复杂；字意开始分化、具体、单一、固定，这正是汉字发展成熟的过程。可以肯定，在上千年中汉字是由少变多、由简而繁的；从东汉以来，汉字总数不断在增加，正式书写形体并没有太大变化。所以，中国的历史上，并没有一种汉字简化的趋势。

简化字本身也有许多不合理的地方，一方面，一些简化汉字将许多意思毫不相干而仅读音相似的字用一个笔画少的字来替代，人为地造成“别字”的使用。比如，“只有”的“只”和“一隻”的“隻”；“頭髮”的“髮”与“发展”的“发（發）”；“後來”的“後”与“皇后”的“后”；等等。另一方面，简化字大量消减偏旁部首使汉字丧失了原有的优点，很多汉字表音或表意的成分被去掉。如“頭腦”的“頭”字，本来由表音的“豆”和表意的“頁”组成。一切以“豆”为音符的字读都读成“豆”；一切以“頁”为意符的字都与头面有关系。这样，看到两个偏旁部首，就很容易猜出字的读音和含义。而简化的“头”字，从字面上既看不明读音，更无法看出意思所指。

20 世纪的汉字危机，对中国的传统文化来说是一次巨大冲击，一定程度上破坏了中国人与传统文化之间的纽带。这使得大多数现代人在阅读古书、学习古代文化时，看不懂繁体字，读不懂文言文。

四、汉字的数字化

自从 20 世纪计算机问世之后，西方的拉丁拼音文字顺利地实现了计算机的二进制输入。然而，包含着形、音、义等特征信息的汉字，字形结构复杂，数量庞大，如何实现汉字的计算机输入，一直是海内外计算机学界的一个难题。

汉字在很长一段时间里，由于难以适应新的信息处理技术，显得步履蹒跚，因此受到了严厉的谴责，甚至被认为是振兴中华的绊脚石，似乎面临着被拼音文字取而代之的前景，连情有独钟、深深眷恋它的人们也一时无计可施。

当时的中文排版技术，台湾、香港地区仍然沿用繁体字，但排版耗日费时，呼吁改用英文、弃用汉字的声音层出不穷。大陆则推行简化字，追求拉丁化、拼音化，逐年减少铅字数量，以求大幅降低印刷成本。

“山重水复疑无路，柳暗花明又一村。”经过多年研究，台湾的朱邦复先生于 1976 年底发明“中文形意检字法”，又发明了仓颉输入法，解决了繁体字的电脑化问题，朱邦复先生因此被称为“中文电脑之父”。1981 年，王选带领团队发明的“激光汉字排版系统原理性样机”通过国家部级鉴定，解决了简体字输入计算机的方法问题，被誉为“汉字印刷术的第二次发明”。

第五章 汉字与传统文化

一、汉字与农耕文化

中华文明发源于黄土高原，数千年来，这里气候温和、水土丰腴，适合农耕。春耕、夏耘、秋收、冬藏，四时有序，生活有规律，我们的祖先们在农闲时节，向大自然取经，从而建立了伟大的华夏文明。那么人们最早从什么时候开始农耕的呢？

上古时期，人们过着茹毛饮血的生活，树上有果子就摘果子吃，地上有菜叶就采菜叶吃，后来有人发现将吃剩的果实往泥土里一丢，过了一段日子，竟然又长出果实来，于是人们渐渐有了种植农作物的观念，并开始改良种子。相传神农氏教人们“制耒耜，种五谷”，按照天时历法耕种，解决了“民以食为天”的大事，从那以后，人们春耕冬藏，安居乐业。

神农氏又称烈山氏，古人生活在中原地区，到处都是荆棘遍地、杂草丛生的原野，人们在播种前会先砍伐林木，也会放火烧山（即烈山），一是开垦荒地，二是将草木烧成灰做肥料，以滋润土地。甲骨文“焚”（）字，正说明了这种刀耕火种的方式。焚烧之后的田地，经过一年的休耕，称为“菑”。“菑”是“灾”的古字之一，本义是指不耕田，杂草丛生，田中长满了杂草是古人的一大灾难。拓荒的第二年才称作新“田”，“田”（）字像经过规划整理后方方正正的农地。田地里主要播种庄稼禾苗（），当古人种植蔬菜时，会先划定一个区域，菜园子称为“圃”（pǔ，），圃内种植菜苗。

耒耜汉画

周朝分封诸侯，实行井田制度。“周”（）字指的是中间遍植禾苗的田地，“井”（）字像用井栏两根直木相交，中间的一点像井口。大禹时期伯宜创造出井，可以灌溉田地。所谓井田，是指九块田中间的疆界道路，像“井”字形。从现在的字形就可以看出，“疆”由“畺、弓、土”三个字组成，“畺”是田与田之间的边界，“弓”代表丈量土地的步弓，“疆”字就代表土地的边界。而“界”字由“田、介”二字组成，介于田之间，代表空间的分际。“画”字上面是笔，表示用笔画出田界，绘制的意思。“划”左侧为“画”，右侧是“刀”，是指用刀画，分开的意思。

古代农业以家庭为单位，男耕女织，男主外，下田耕耘，“男”（）字是由“田”和“力”组合而成，力（），像用来掘土的耒耜（sì）；田，指农田。“男”的本义是持耒耜耕种之人。“协”字金文写作“”，上面三个“力”字，下面是区域，指集合众人力量一起在田中耕作。

神农氏还“斫木为耜，揉木为耒”创造了木制耒耜，教民耕种。“耒”（）像手持木制的耒耜，以“耒”为偏旁的字，多数跟农耕有关，比如“耨、耙、耘”等。

二、汉字与饮食文化

由于生活饮食所需，古人逐渐发明出不同用途的器皿，每种器具都有一定的用途和造型，如鼎、鬲（lì）、豆、皿、缶、酉、壶等。

烹饪使用的器皿，如“鼎”与“鬲”，都是三足造型，同属于炊具，但两者的结构和用途大不相同。鼎最初是作为食物器皿，主要用于煮肉、盛肉。人类学家认为，以鼎食肉是中华民族进步的重要一环，随着烹饪技术的提高，身体发育越发强壮，大脑也日益发达。因此，鼎等器皿成为宴会、狩猎等场合的必备器具，后来逐渐演化为重要的祭祀礼器，直至成为家国宝器。从鼎的金文“”可以看出，为圆腹、两耳、三足。也有四足的方鼎（从另一金文“”可以看出），比如有名的商代后母戊鼎。

毛公鼎

相传商朝的第一位宰相伊尹，也是第一大巫师（上古巫、史、医合一）。伊尹非常有学问，他创造了中药汤剂，并著《汤液经法》。伊尹，小名阿衡，幼年时寄养在庖人（现代称厨师）之家，他从小学习烹饪技术，成为精通烹饪的厨师。伊尹背负鼎俎（zǔ）见成汤，借着谈论烹饪，从“以鼎调羹”“调和五味”谈到治国之道。商汤听闻后茅塞顿开，任用他为宰相。后来伊尹辅佐商汤灭夏朝，为商朝的建立立下不世之功。这就是“伊尹负鼎”的故事，在《千字文》中也有“磻溪伊尹，佐时阿衡”的记述。后人还尊称伊尹为中华厨圣。

伊尹像

从鬲的金文“”可以看出，鬲分为上下两层，上层是放置食物的凹槽，下层的三只鬲足是空心的，当炉火在底部加热时，透过热气可将凹槽内的食物蒸熟，所以鬲是专门用来蒸熟米黍谷物的炊器。

专门盛装食物的器具，代表有皿（）和豆（）。人们将煮熟的食物放置到不同盘器内。皿是专门盛装米、麦、黍、稷这类主食的器具，就像我们吃饭的碗一样；豆则由于盘面较宽，可放置较大的块状物体，所以豆成了专门盛肉的盘子，一般有高脚架。豆后来被假借为豆类植物的种子，如黄豆、红豆等。

专门盛装液体尤其是酒的容器也是种类繁多，古人常常用酒佐餐，需要壶、缶、酉等容器。在这类器具中，以壶的使用范围最广，壶的金文“”，上为壶盖，盖上有纽，壶身有两耳，下部为大腹，底部有圈足。只要是液体都可以装在壶腹里面，比如茶壶、水壶、酒壶等。壶形状细高，缶则多数低矮。缶由陶土烧制而成，主要用于盛装酒水。此外，缶又可以当作乐器，古人喝酒微醺时，常一边敲打缶身，一边哼着歌，《周礼》中就清楚地记载有击瓮叩缶的情景。酉也是常见的酒器之一，酉的金文“”像一个大酒坛，古人将谷类放入酉里慢慢发酵成酒。

除此之外，青铜器还有尊、爵、簋（guǐ）、匜（yí）、斝（jiǎ）、觚（gū）、角、俎（zǔ）、卣（yǒu）、盉（hé）、盂（yú）、勺等。有食器、酒器，还有兵器、乐器、礼器等，琳琅满目，种类繁多。

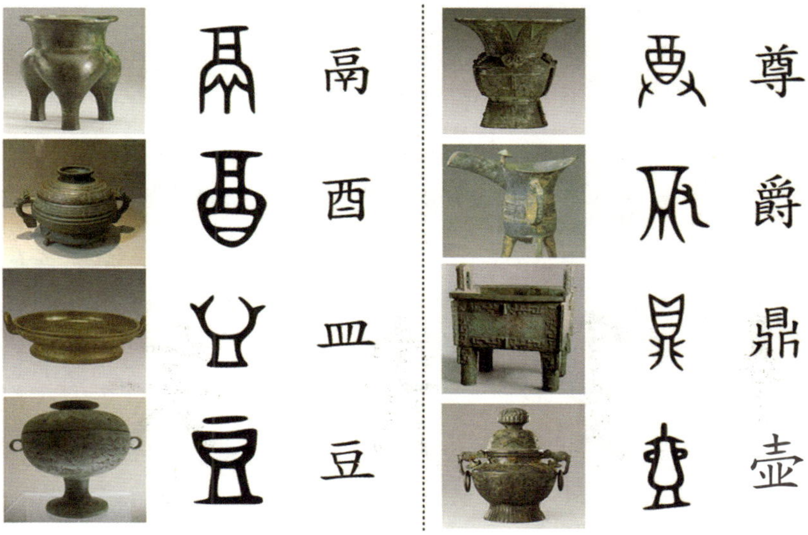

与饮食有关的青铜器及其字形

三、汉字与中医文化

早在远古时期，人类就不断追寻健康养生的秘诀，克服疾病和灾害的威胁。随着文明的进展，先人们从生活经验中累积治愈伤病的办法，逐渐形成一套完善的医学系统，成为我国博大精深的中医理论。那么，古人是如何看待疾病和医药的呢？从古代汉字中，我们可以发现中医的哪些奥妙呢？

人为何会生病？中医认为，人和万物因风气而生长，风能生万物，也能害万物，如同水能浮舟，亦能覆舟。人体得病分为三种：第一种是虚邪贼风侵入皮肤，可以称为外因；第二种经络遭受邪气，内入脏腑，称为内因；第三种是刀伤、野兽抓咬伤。古人对人体和医学研究非常细致。《说文解字》的“疒”部有103个字，都与疾病相关，比如“疾、病、痛、疴、疵、症、疥、癣、痱、瘤、疟、痂、痔、痹、疸、痞、疲、瘟、疫、痢、痤、疮”等，那么“疒”这个部首代表什么含义呢？

“疒”的两种甲骨文字形“”“”，都是由“爿”和“人”两部分组成。

其中“爿”是“床”的初文，将“爿”向左侧旋转放平，就是一个床的形体，长长的一笔就是床板，两个小部件就是床脚。“爿”字的右侧是“人”，需要注意的是，在人形周围还有一些小点，大概是表示病人身上流出的汗水，或者是外伤流出的血，所以“疒”像一人躺在床上流着汗或出血的样子，意思是疾病。

“疾”和“病”意思相近，但也存在些微的不同。“疾”字由“疒”和“矢”组成，“矢”是箭头的象形。在上古时代，部落之间、国家之间，因为争夺土地和资源，经常发生战争，那时最常见的武器是弓箭，士兵们被箭射伤是常事。

甲骨文　　篆书　　楷书

“矢”字的演化

“疾”的意思就是被弓箭射伤，代表外伤，尤其是轻微、急速的急症。射出去的箭矢，疾风迅雷，速度飞快。所以，“疾”也有快速、迅猛的含义，比如“眼疾手快、振笔疾书、疾风扫落叶、不疾不徐”等。

“病”字由“疒”和“丙”组成，“丙”在阴阳五行中代表阳火，表示患者身体内部发热，通常得病较重。《说文解字》中说：“病，疾加也”，意思是说，病是严重的疾，痼疾。

“病”与“疾”相比，“病”字指严重、缓慢的疾病，多为内症。《释名》中也说：“疾病：疾，疾也，客气中人急疾也。病，并也，与正气并在肤体中也。”

汉朝张仲景在《伤寒杂病论》中说道：“凡人有疾，不时即治，隐忍冀差，以成痼疾，小儿、女子，益以滋甚。”这句话告诫我们，如果有了轻微的小疾病，而不及时治疗，忍着病痛期望病可以好转，那么小疾将变成大病。医圣张仲景还强调，尤其是小朋友和妇女，小病熬成重病的情形更为严重。所以一旦生病，千万不要像蔡桓公一样讳疾忌医。

我们现在的“医”字，原本写作“醫”或“毉”，为什么“毉”字的下半部分是“巫”？医生与巫师有什么关系？原来远古时人们敬畏天地鬼神，那些能够与天地沟通、具有智慧的人，被众人尊为“王”。早期的“王”就是“巫”，王通过舞（）蹈等仪式求雨禳灾、占卜祭祀。后来由大臣担任巫师，由于巫师具有超凡的智慧，所以通常也兼职史官和医师。因此可以说，最早的医生就是巫师。

巫师可以和天地鬼神交流，通过祈祷去病，这种方法在中医里称为“祝由术”。祝由术的“祝”（）字，本义是祭祀做祈祷的主祭者，引申为美好的愿望。“祝”的部首是“示”，代表祭案、神；声符“兄”（）下从“人”，上从“口”，像祭祀者跪着张口祷告，古代祭祀时由年长者实施祈祷和咒禁。“咒”的甲骨文“” 是由“口”和“兄”组成，意思是向神祈祷降祸给敌方。

“醫”字上部的“医”由“匚”和“矢”组成，“匚”字像藏匿之形，如同箭袋、药箱，“匚”内含有“矢”，一种说法是这代表医生能够治疗箭伤，另一种说法是“医”犹如古时大夫的医药箱，箱内的“矢”是尖锐的针砭器具，用以针灸穴位治病。“殳”（shū）是一种兵器，类似长矛、杖、棒。“殹”（yì）字的金文“”，“匚”内的“大”像被殳打伤的病人，脸色青黑，藏匿在山洞中，如“桃李荫翳”描述桃李枝叶繁茂，遮阳蔽日，其中的“翳”本义指遮掩的羽制华盖。以“翳”为偏旁的字，都有因遮挡而看不见、青黑色的意思。

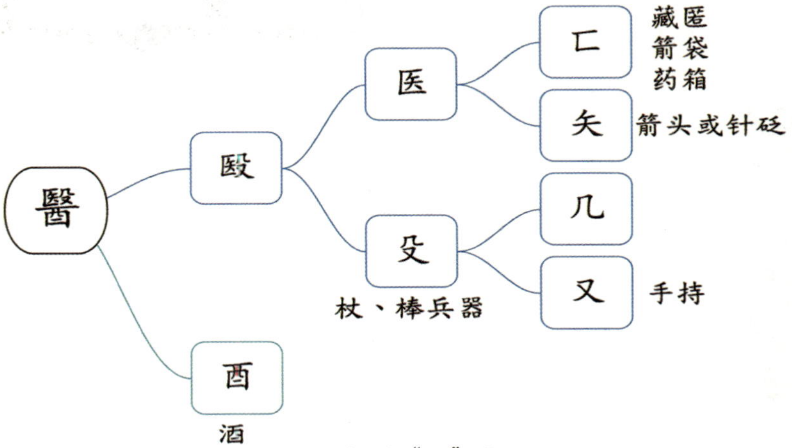

解剖“医”字

“醫”字下部含有“酉”，我们知道酉代表酒的意思，医与酒有什么关系呢？随着时代的发展和医术的进步，医生逐渐从巫师中分离出来，成为专门的职业，所以“醫”字逐渐取代了“毉”字。“醫”字中含有“酉”字，这是因为“酒”是由谷物发酵而成的，具有湿热的药性，可以提升脾胃的效能。早在周朝，《周礼》一书中就记载了医酒的观念。《伤寒杂病论》中就记载了用酒直接入药，像瓜蒌薤（xiè）白白酒汤、红兰花酒等，也有用酒送服丸药的，比如肾气丸等，还有炙甘草汤、胶艾汤等药方，指明用“清酒”代替水来熬制。

所以从“毉”演变到“醫”就是中医进化的历史见证。知道了这些文字的演变过程，我们就可以从中了解中医的博大精深。

四、汉字与玉文化

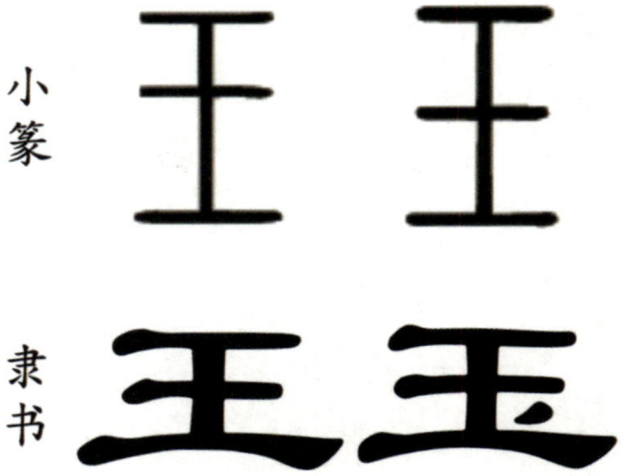

“王”字和“玉”字

有很多王字旁的汉字，比如“环、瑕、玩、理、球”等，都是什么含义，与“王”有关吗？王字旁的字近500个，但是只有少数字与“王”有关，比如“皇、闰”。关于闰月，《说文解字》中载，《周礼》规定“闰月，王居门中，终月也”。而其他的字都与“王”无关，王字旁是个容易引人误解的称呼，正确的叫法应当是玉字旁或者斜玉旁。引起误解的原因是“王”和“玉”小篆的写法非常接近，笔画一模一样，只是“王”字的中间一横靠上，“玉”字三横平均分布，很不容易区分。到了隶书，为了便于分辨，在“玉”字的下方多加了一点，但是书写“玉”的部首时，却没有增加这一点，结果很多人误认为是王字旁了。

多节玉佩

古文字的“王”与“玉”字形相近，并非巧合。三横代表天地人三才，“玉”字像三玉相连，象征天地人参通，古人认为玉能沟通天地四方。同时古人还认为参通天地人三才的人，谓之王。《说文解字》中载，孔子说：“一贯三为王。”王阳明注释称：“中画近上，王者，则天之义。”意思是：“王在天地之间，更近于天。”古人对玉极为尊崇，使用非常普及，玉文化是我国传统文化的重要组成部分。《周礼·大宗伯》记载以玉作六器，以礼天地四方。

《礼记》载：“古之君子必佩玉。”玉的种类很多，以圆形玉为例，就分为璧、瑗（yuàn）、环、玦等。古代君王“问士以璧，召人以瑗，绝人以玦，反绝以环”。意思是：君王向饱学之士征求对国事的意见，以“璧”作为信物；召见臣属则用“瑗”作凭证；断绝关系时用“玦”来表示；重新召回被贬谪的臣属用“环”来表示。

常见的几种圆形玉

璧、环和瑗的不同之处，在于中心圆孔的大小。中孔的大小与外边宽度相同，称为“环（環）”；外边宽度大于中孔一倍，孔小者称为“璧”；中孔直径是外边宽度的两倍的大孔璧叫作“瑗”。

“环”（環）字中的“睘”，金文写作“”，上部是“目”，下部外侧是“衣”，中间的圆圈，像佩戴在衣服上的玉环。后来代表一切圆环，又有环绕、循环的意义。所以，“还（還）”字从“睘”，意思是返回。因此，重新召回臣属选用玉环（環），意思是请臣属返还（還），继续辅佐朝政。

君王如果是赐“玦”，玦者，决绝也，表示拒绝与这个臣属相见。“玦”字从“夬”，“夬”的甲骨文写作“”，小篆写作“”，像手持有缺口的玉玦。“缺”和“决”字都从“夬”。玦是一种圆形而中间有孔、边缘有断豁的佩玉。正是玦的这个豁口，因而产生了“断绝”的意思。《史记》中记载，鸿门宴上，范增“举所佩玉玦以示之者三”。举起“玦”，就是告诉项羽要像这“玦”一样，一定要果断地同刘邦断绝关系，在二人之间制造一

个“缺”口。而项羽优柔寡断，没有下定决心，以至于错过了一次杀刘邦的绝好机会。刘邦趁机从小道逃走，留下张良送给项羽白璧一双，表达对项王的尊重之意。最后项羽为刘邦所败，自刎于乌江。

通常看到玉字旁，形声字读半边、解释为美玉就八九不离十了。常见的还有：

碧：青绿色的玉石。

璞：未雕琢过的玉石，或指包藏着玉的石头。

瑕：玉上面的斑点。

琮：古代的一种玉器，外边八角，中间圆形，常用作祭地的礼器。

琀：古代放在死者嘴里的珠玉。

理：治玉的过程，需要剖析玉的纹理，引申为道理。

珏：合在一起的两块玉。

璋：大臣上朝时拿在手上的一块长条形玉板，如生男孩，祝贺时可称“弄璋之喜”。

瑜：美玉的光彩，比如“瑕不掩瑜、瑜不掩瑕”。

瑾：美玉，比如：三国周瑜，字公瑾。

玩：《说文解字》解释为“弄也”。

弄：《说文解字》解释为“弄，玩也。从廾持玉”。小篆写作“弄”，像两只手正在把玩玉。

五、汉字与车马文化

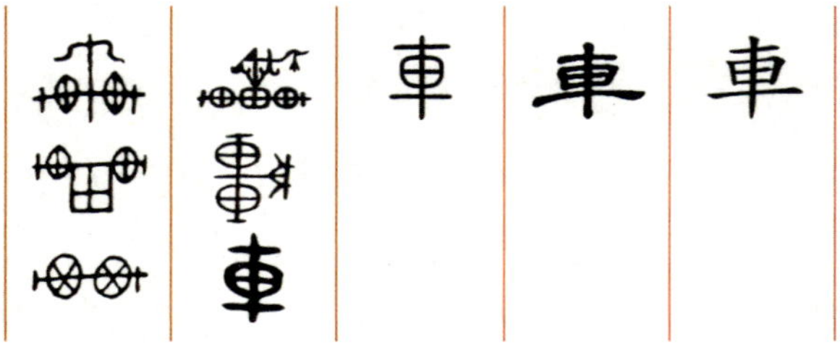

甲骨文　金文　小篆　隶书　楷书

“车”的演变

中国是最早造车的国家之一，相传黄帝时代就已经出现了车。刘熙《释名》中说：“黄帝造车，故号轩辕氏。”《世本·作篇》说“相土作乘马”，相土是商人的先祖，据说他是最早驯服马匹并用于拉车的人。《左传》《墨子》中有“奚仲作车”、奚仲为夏朝“车正”的说法，认为奚仲改进了车的形制，开始以马驾车。

铜马车

一直到战国以前，车马并举，没有无马的车，也没有无车的马。因此，所谓御车也就是御马，所谓乘马也就是乘车。如《诗经》中有：“子有车马，弗驰弗驱。”一车驾二马为骈，驾三马为骖，驾四马为驷。如《论语·颜渊》中有：“君子也，驷不及舌。”《论语·季氏》中有：“齐景公有马千驷。”这不是说他有四千匹马，而是说他有一千辆车。

古代车辆制造复杂，部件众多，主要分为三个部分：舆、轮、辕。《周礼·考工记》：“凡察车之道，必自载于地者始也，是故察车自轮始。”

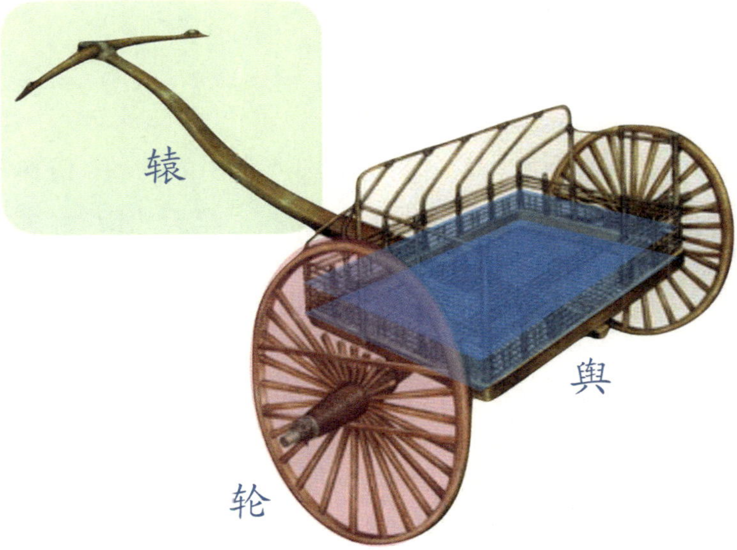

车的组成

（一）轮

《周礼·考工记》记载：“斩三材必以其时，三材既具，巧者和之。毂也者，以为利转也；辐也者，以为直指也；牙也者，以为固抱也。”这句话说出了轮的三个主要组成部分：毂（gǔ）、辋（wǎng）、辐。

（1）毂是轮的中心，中空以贯轴的圆木。

（2）辋是车轮周围的框子。《释名·释车》：“辋，罔也，罔罗周轮之外也。”因为木与木相接之处以齿状相互咬合，因此又称为牙。

（3）辐是连接毂和牙的直棍。一个轮子一般有三十根辐。《老子》：“三十辐共一毂”。

（4）车的运转部分除了轮外，主要的部件还有轴、軎（wèi）、辖等。

《释名·释车》：“轴，抽也，入毂中可抽出也。”轴是连接两轮之木，贯于毂中，两端露在毂外的部分用“軎”套住。“軎”即轴一端突出的形象，形状像桶。軎与轴端有一穿孔，以辖插入，使軎、毂、辖三者固定，不致脱落。因此，辖有管辖、约束的意思。

两轮之间的距离叫“轨”。始皇帝“车同轨，书同文”。轨相同则车辙等宽，因此车辙也叫轨。

（二）舆

乘车中载人的部分称为舆，但是最初的舆应是由人抬的，俗称车厢。《释名·释车》：“舆，举也。”《一切经音义》：“车无轮曰舆。”

舆，也常用来指乘车或泛指车。《荀子·劝学》：“假舆马者，非利足也，而致千里。”《韩非子·备内》：“舆人成舆则欲人之富贵，匠人成棺则欲人之夭死。”“舆马”即车马，“成舆”即造车。

舆主要由以下几部分组成：

（1）轼。车厢前面所架的横木叫“轼（shì）”。《说文解字》：“轼，车前也。”《急就篇注》：“车前横木也。”古代乘车除老人和妇女外，都是立乘的。在前面设轼，乘客可以手扶轼使人乘车乘得稳，叫“凭轼”。

（2）轸。《说文解字》：“车后横木也。”舆后面的横板或栏杆叫轸（zhěn），与轼相对。古人从车后上车，因此轸留有缺口为蹬车处。

（3）较和锜（yǐ）。舆两旁扶手之横木称为“较”，较位于车两侧，较的上面经常饰以形状如小耳的铜钩，有重较、重耳之称。也许是古时候的人们也喜欢“比较”谁的车装饰得美观华丽，所以“较”引申为比较。较下面的木板称为锜，可以倚，因此称为锜，也称为辄。

（三）辕

辕是伸在车箱面前驾牲畜的长木。古代行军或田猎时，如需野外露宿，经常列车作屏藩，出入之处，竖置两车，以辕为门，因此后来领兵将帅的营门称为辕门。如《白雪歌送武判官归京》中所说："纷纷暮雪下辕门，风掣红旗冻不翻。"

辕通常是双的，独辕称作"辀"（zhōu），辀从车的后面通过车轴伸向前方，为使车身保持平衡。辀是弯曲的，后低前高。驾马时在辀的前端绑上一根横木即"衡"，衡的左右加上"轭"（è）以驾马，轭是衡下叉形的木枝，稍稍外曲。

衡与辕（辀）相连靠的梢子，用于大车上的叫"輗（ní）"，用于小车上的叫"軏（yuè）"。如《论语·为政》："大车无輗，小车无軏，其何以行之哉！"

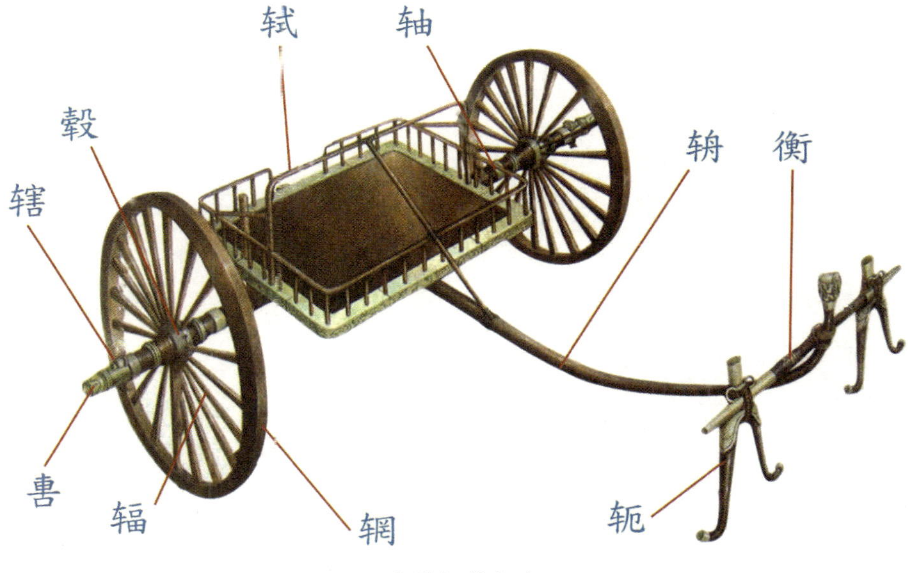

车的组成部分

马，性情温顺，驯良易使，体健耐劳，经驯化后的家马是人类忠实的朋友。中国是最早开始驯化马匹的国家，早在六千年前，就已经将野马驯化。古代的战争在秦以前主要靠车战，因而马匹的多寡就成为国力盛衰的重要标志。

清朝郎世宁的《八骏图》（局部）

《诗经·鲁颂·駉（jiōng）》用详尽而精准的文字，赞美雄健壮硕的多种骏马，褒扬鲁僖公重视“马政”如同善于识马的伯乐一样知人善任，以及因此造就的强盛鲁国。

駉駉牡马，在坰之野，薄言駉者？
有驈（yù）有騜（huáng），有骊有黄，以车彭彭。
思无疆，思马斯臧！
駉駉牡马，在坰之野，薄言駉者？
有骓（zhuī）有駓（pī），有骍（xīng）有骐（qí），以车伾伾（pī）。
思无期，思马斯才！
駉駉牡马，在坰之野，薄言駉者？
有驒（tuó）有骆，有骝（liú）有雒（luò），以车绎绎。
思无斁（yì），思马斯作！
駉駉牡马，在坰之野，薄言駉者？
有骃（yīn）有騢（xiá），有驔（diàn）有鱼，以车祛祛（qū）。
思无邪，思马斯徂（cú）！

这首诗写到不同毛色马的品种竟有十六种之多，简述如下：

駉：马高大肥壮的样子。

驈：胯间有白毛的黑马。

騜：黄白色相杂的马。

骊：纯黑色的马。

骓：毛色青白相杂的马。

駓：毛色黄白相杂的马。

骍：赤色马。

骐：青黑色有如棋盘格子纹的马。

驒：有鳞状黑斑纹的青毛马。

骆：黑鬣的白马。

骈：亦作“骝”，赤身黑鬣黑尾巴的马。

骃：浅黑带白色的马。

騢：赤白色的杂毛马。

驔：黄色脊毛的黑马。

《说文解字》收录了115个与马有关的字，甚至连马的年岁、毛色、体态、动态等都予以详细说明。如此类别众多的马，一方面说明驯马养马业的发达，另一方面说明古时候马政是军国大事，“国之大事，在祀与戎”。在周朝的“六艺”中的“御”，就是驾马车的技艺。

与车马有关的汉字众多，无论是车的结构，还是马的种类，以汉字来描述可谓精准、细致。从这个角度来说，汉字的精确性远超其他文字。

结 语

读到这里，恭喜你在不知不觉之中已经掌握了数百个汉字的含义。现在很多人受外国学者影响，认为汉字难学。汉字真的难学吗？

任何一位初学者，只要辨识数百个独体象形字，掌握了汉字的本义和发音，就可以辨析很多汉字了。因为，绝大多数组合字可以直接用会意的方法猜出意思，发音读半边的情况也很多。汉字是象形文字、表意文字，汉字以取类比象的抽象法则，将主观和客观融合统一，具有严谨的结构，使得其非常容易学习。

也正因为汉字的科学性，汉字才是目前世界上唯一流传下来的表意文字，从古至今一脉相承，贯通古今。几千年的中华传统文化，其精髓都一一记载在古籍当中，如欲深入学习传统文化，必须阅读古书，如欲阅读古书，必须掌握汉字的字形与字义。

由于篇幅所限，本书仅浅谈汉字的字形与字义，没有涉及汉字的字音。另外，汉字与书法、汉字与文学的关系密切，本系列丛书中的《中国书法浅话》和《中国文学浅话》对此有专门论述，推荐继续阅读。

李白有诗："观书散遗帙，探古穷至妙。片言苟会心，掩卷忽而笑。"畅读古人的残卷遗篇，顿感奥妙无穷，如果有片言可会心，希望读者不妨掩卷微笑。

参考文献

[1] 牟作武．中国古文字的起源．上海：上海人民出版社，2000.

[2] 唐生周．汉字学教程．北京：语文出版社，2013.

[3] 何金松．汉字形义考源．武汉：武汉出版社，1996.

[4] 许慎．说文解字．北京：中华书局 ，1999.

[5] 王力．古代汉语．北京：中华书局 ，1999.

[6] 王宁．汉字构形学讲座．上海：上海教育出版社，2002.

[7] 梁东汉．汉字的结构及其流变．上海：上海教育出版社，2008.

[8] 谷衍奎．汉字源流字典．北京：语文出版社，2008.

[9] 朱邦复．智慧学．台北：台湾商务印书馆，2012.

图书在版编目（CIP）数据

中国汉字浅话 / 北京尚达德国际文化发展中心组编；耿艳，秦商夏编著. — 北京：中国人民大学出版社, 2019.2

（中华传统文化普及丛书）

ISBN 978-7-300-26332-8

Ⅰ. ①中… Ⅱ. ①北… ②耿… ③秦… Ⅲ. ①汉字－儿童读物 Ⅳ. ①H12-49

中国版本图书馆CIP数据核字（2018）第230918号

中华传统文化普及丛书

中国汉字浅话

北京尚达德国际文化发展中心　组编

耿　艳　秦商夏　编著

Zhongguo Hanzi Qianhua

出版发行	中国人民大学出版社		
社　址	北京中关村大街31号	邮政编码	100080
电　话	010-62511242（总编室）		010-62511770（质管部）
	010-82501766（邮购部）		010-62514148（门市部）
	010-62515195（发行公司）		010-62515275（盗版举报）
网　址	http://www.crup.com.cn		
	http://www.ttrnet.com（人大教研网）		
经　销	新华书店		
印　刷	北京瑞禾彩色印刷有限公司		
规　格	185mm×260mm　16开本	版　次	2019年2月第1版
印　张	6.5	印　次	2019年2月第1次印刷
字　数	94 000	定　价	28.00元